KB146962

슬기로운
학부모 소통

유치원, 어린이집 교사를 위한

슬기로운
학부모 소통

홍표선, 이은주, 이미영, 김태승 지음
김차명 그림

푸른칠판

마음을 잇는 데는 매듭법이 필요합니다. 교사와 학부모가 좋은 마음으로 만나면 아이들이 행복합니다. 아이들이 잘 자라기를 바라는 마음은 교사와 학부모가 다르지 않습니다. 교사와 학부모는 아이들의 배움과 성장을 끌어 주고 밀어주는 한편입니다. 하지만 많은 교사들이 학부모와 마주하기를 어려워합니다. 줄다리기하듯 서로 힘을 겨루기도 합니다. 교사와 학부모가 서로의 힘을 빼는 사이가 아닌, 협력하는 동반자가 될 때 아이들은 밝게 빛납니다. 교사는 수업 전문가를 넘어 마음을 잇는 관계 전문가로 역량을 넓혀야 합니다. 이 책의 글쓴이들은 오랫동안 유치원과 초등학교 현장에서 학부모와 소통해 온 경험을 바탕으로, 교사와 학부모의 마음을 잇기 위한 매듭법을 알려 줍니다. 교사와 학부모의 마음부터 세세히 살피고, 적절하게 관계를 맺고 푸는 방법을 차근차근 안내합니다. 학부모와 한마음으로 아이들의 성장을 돕고 싶은 선생님들께 더없이 친절한 길잡이입니다. 　　　　　　최교진(세종특별자치시교육감)

유치원과 가정이 교육철학, 양육관 등을 공유하고 함께 연계하여 지도하는 것은 유아의 건강한 성장과 발달 지원의 큰 기반이 된다. 이 책은 이러한 연계의 틀에서 학부모와 끊임없는 소통을 통해 신뢰를 형성하고, 유아 성장의 본질적 가치를 서로 공유함으로써 교사와 학부모가 함께 성장할 수 있도록 다양한 상담 사례와 교사의 실천적 경험을 담아냈다. 유아교육 현장에서 가정 연계 학부모 상담 및 부모 교육에 실제적인 도움이 필요하다면, 베테랑 선생님들의 실천적 경험이 집약되어 있는 이 책을 강력하게 추천한다.

　　　　　　　　　　　　　김연희(인천재능대학교 유아교육과 교수)

너무나 바쁜 유치원 일상에서 학부모와의 소통은 교사들에게 부담이 되기도 합니다. 이 책을 읽으면서 마치 우리 학급 이야기인 듯 공감이 되었고, '아, 그때 이렇게 했으면 좋았을걸.' 하는 생각이 들었습니다. 무엇보다 교사와 학부모의 입장을 함께 이해할 수 있도록 다양하고 자세한 사례를 통해 해답을 제시하고 있어서 실제적인 학급 적용에 많은 도움이 되리라 믿습니다. 학부모와의 진정성 있는 소통을 고민하는 선생님들과 이 책을 함께 읽고 싶습니다.

　　　　　　　　　　　　김화진(경기도율곡교육연수원 교육연구사)

한 아이를 향한 사랑의 공통분모를 지닌 교사와 학부모. 선생님들께는 고민과 부담이었던 학부모 상담에 대해 위로와 공감을 통해 소통의 문을 활짝 열 수 있는 용기를, 학부모님들께는 소중한 내 아이와 함께 떠오를 선생님을 이해하고 존중으로 다가설 수 있는 사려를! 많은 선생님과 학부모님들께 이 책의 선한 영향력이 널리 전해지길 소망합니다.

정은주(경상북도교육청연수원 교육연구사)

누군가와 대화할 때, 아무 말 하지 않아도 눈물이 나고 가슴이 몽글몽글해질 때가 있습니다. 저에겐 이 책이 그랬습니다. '20여 년 전 첫 교직 생활에 이 책을 만났다면 얼마나 좋았을까?' 매일 두려움으로 가득했던 초임 교사 시절, 좌충우돌하던 제 모습이 떠오릅니다. 모두가 어려운 포스트코로나 시기에 교사-학부모-유아의 관계 속에서 함께 배우고 성장하며, 소통하는 것이 어떤 의미인지 세심한 관심과 따뜻한 조언으로 쓰여진 이 책과의 만남이 그래서 기쁘고 참 고맙습니다. 또한 지금 이 순간, 학부모, 동료 교사, 나아가 주변 사람과 지혜롭고 슬기로운 소통을 시작하고 싶은 이 시대의 (예비)교사, (예비)학부모, 그리고 우리 모두에게 이 책이 삶의 바이블이 되길 바라 봅니다.

장미선(인천예송유치원 교사)

유아교육은 유아, 학부모, 교사의 협력 체제가 제대로 갖추어져야 하며, 원활한 교육 공동체를 통하여 유아의 성장에 한걸음 다가갈 수 있습니다. 교사는 유치원에서 유아와 끊임없이 상호작용을 하고 있지만,

학부모와는 대화를 나누는 것부터 많이 어려워합니다. 대부분의 교사들은 학부모와 소통하며 '어떻게 말을 해야 하지, 나의 마음을 전달할 수 있을까?' 등 하루에도 수십 번 고민을 합니다. 이 책은 실제 현장의 다양한 사례를 중심으로 구성되어 있어, 교사가 실질적으로 활용할 수 있는 부분이 많습니다. 이 책을 통해 선생님들께서 유아교육의 동반자로서의 학부모와 끈끈한 신뢰 관계를 맺어 나가기를 바랍니다.

이슬(온양동신유치원 교사)

유치원 교사라면 누구나 내 교실을 맡는 시작점에서부터 '내가 잘할 수 있을까?' 라는 고민과 함께 학부모와 유연하게 소통할 수 있을지에 대한 막연한 걱정과 두려움을 갖게 됩니다. 저 또한 상담을 앞두고서 끝없이 걱정의 굴레를 반복하며 고민하고 있었습니다. 그때, 이 책을 만나게 되었습니다. 이 책은 그러한 교사들의 마음을 잘 이해하고 있기에 학부모와 교사가 가까워질 수 없는 관계라는 고정관념을 깨고 좀 더 쉽게 다가가도록 도와줍니다. 뿐만 아니라 학부모와의 상담 시 필요한 다양한 상황을 예시로 들고 대처 방법과 스킬을 알려 줍니다. 일상에서 학부모와의 관계를 고민하는 모든 유치원 교사들에게 이 책을 추천 드립니다.

황은정(소명유치원 교사)

들어가며

　'올 1년간 나와 함께할 아이들은 어떤 아이들일까? 우리 반 학부모는 어떤 분들일까?' 신학기 첫 문을 열기 전, 우리 반 아이들과 학부모를 상상해 본다. 또 어떻게 학급을 운영해 나갈지 머릿속에 그려 본다.

　부모에게 자녀가 소중하듯 교사들에게는 '우리 반'이라는 공간에서 인연을 맺은 아이들이 더없이 소중하다. 아이들이 잘 성장하길 바라는 마음은 학부모나 교사나 마찬가지일 것이다. 그렇기에 교사나 학부모 어느 한쪽만의 노력이 아닌, 교육기관과 가정이 연계한 협력이 무엇보다 중요하다. 그러나 학부모마다 교사에게 바라는 요구 사항이나 교육적 지향점 등이 다르고, 표현 방식도 제각각이기에 소통 과정에서 갈등이 발생하거나 어려움이 생기기도 한다. 이런 상황과 감정이 맞물리면서 '소통이 불통이 되어 버린 느낌', '왠지 모를 답답함과 억울함', '소통 출구를 찾고 싶은 마음' 등 복잡한 감정이 이성보다 앞서 한발도 나아가지 못할 때가 있다. 이럴 때 한걸음 물러나 교사인 '나'를 좀 더 객관적인 거울에 비추어 돌아보며 다시 용기를 갖고 지혜롭게 나아가 보는 것은 어떨까?

학부모 상담의 경험이 많은 교사라 하더라도, 상담의 순간에는 마음속 부담감의 무게에 짓눌릴 때가 있다. 전문가로서 학부모에게 아이를 위한 지도 방법에 대해 뭔가를 알려 주어야 하고, 대화 속에서 학부모의 의도를 완벽하게 파악해야 한다는 생각에 마음의 짐을 짊어지고 상담을 진행할 때도 있다. 그러나 학부모 상담은 '소통의 장'이며, 교사와 학부모가 협력자이자 동반자라는 것을 잊지 않는다면, 상담은 부담이 아닌 희망의 시간이 될 것이다.

유치원 교사와 초등학교 교사가 함께 의견을 공유하며 '교육'이라는 큰 틀에서 교사의 마음을 들여다보고, 학부모와의 소통에 어려움을 겪는 교사들에게 도움이 되고자 이 책을 집필했다.

이 책이 아이들과 함께 성장하고 있는 교사들에게 공감과 위로가 되고, 학부모와의 소통에서 해결의 실마리가 되기를 바란다.

마지막으로 교육 현장의 교사들이 한발 더 내딛을 수 있도록, 도전할 수 있는 용기와 힘을 실어 주기 위해 이 책을 출판해 주신 푸른칠판 대표님께도 감사의 마음을 전한다.

저자 홍표선, 이은주, 이미영

차례

Chapter I. 유치원 교사, 그리고 학부모

Chapter II. 소통으로 함께 성장하자

Chapter IV. 슬기롭게, 유치원 학부모 고민 해결

유치원 교사,
그리고 학부모

* 일러두기 : 아이를 양육하는 다양한 형태의 보호자가 있으나, 이 책에서는 '학부모'라는 용어를 사용하기로 한다.

· · ·

유치원 교사가 되었고, 드디어 유아교육기관에서 유아들과 함께하게 되었다. 그 속에서 유아뿐 아니라 여러 사람들과 소통을 하며 지낸다.

기관에서 함께 일하는 동료 교사들, 내가 책임지고 있는 유아들, 유아를 양육하는 학부모 등 많은 사람들과 소통을 한다. 처음 맞닥뜨리는 상황들이 쉽지만은 않다. 특히 학부모와의 소통은 부담스럽고 어렵게만 느껴진다.

소통을 잘하기 위해서는 어떤 준비가 필요할까?
우선 유치원 현장을 살펴보고 그 속에서 '교사로서의 나'에 대해 생각해보자.

유아교육과 입학, 그리고 졸업

"왜 유아교육과에 입학했어요?"

"왜 유치원 교사가 되고 싶었어요?"

유아교육과에 발을 들여놓은 학생이라면 누구나 한 번쯤은 받았을 법한 질문이다. 이 질문에 바로 대답하는 사람도 있지만, 순간 멈칫하며 고민하는 사람도 있다. 졸업을 하고, 유치원 교사가 된 이후에도 종종 이 질문을 받게 된다.

"어렸을 때부터 아이들을 좋아했어요."

"어릴 적에 다녔던 유치원 선생님이 정말 좋아서 유치원 선생님이
되고 싶었어요."

"유치원 선생님이 안아 주고, 칭찬해 주셨던 좋은 기억이 오래 남아
서 유아교육과에 입학했어요."

"아이들과 함께 있으면 마음이 편안해요."

이렇게 자신의 의지로 유아교육과에 입학한 사람이 있는가 하면, 부
모님이나 주변 사람들의 권유 때문에 입학한 사람도 있다.

"취업이 잘된다고 해서 유아교육과에 입학했어요."

"부모님이 직업으로 교사가 좋다고 해서 유아교육과에 갔어요."

"임용시험 합격하면 정년이 보장되잖아요."

각자 나름의 이유로 유아교육과에 입학한 이후, 전공수업을 들으며
교사로서의 스킬을 익히고, 실습을 통해 유아들의 마음과 현장의 분
위기를 경험하다 보면 어느새 졸업을 앞둔 예비 교사가 되어 있다. 현
장 취업을 앞둔 예비 교사의 머릿속에는 한 가지 의문이 떠나지를 않
는다.

'나는 과연 유치원 교사를 잘할 수 있을까?'

설렘 뒤에 숨어 있는 감정의 실타래

"드디어 아이들을 만날 수 있어."
"아이들과 해 보고 싶었던 수업을 꼭 해야지."
"교실 환경은 이렇게 꾸밀 거야."

신학기가 시작되기 전, 한 번도 직접 경험한 적이 없는 '유아교육'이라는 세계에 대해 나름의 포부와 설렘을 품고, 유아들과 함께할 생활을 그리며 계획을 세워 본다. 두근거리는 마음으로 아이들과의 만남을 기대하고, 이상적인 교사상을 그려 보기도 한다.

한편으로는 설렘 뒤에 따라오는 긴장과 두려움으로 신학기가 시작되기 전에 걱정부터 앞서기도 한다.

"학부모와 전화 통화는 어떻게 하지?"
"내가 모르는 걸 학부모가 질문해서 대답 못하면 어쩌지?"
"선배 교사가 나를 잘 도와줄까?"
"유치원에서 아이들이 다치기라도 하면 어떡하지?"

수년간 학교에서 이론으로 익히고 실습을 통해 현장도 체험했지만, 교사로서 당장 눈앞의 '우리 반 학부모, 우리 반 유아'라는 현실 상황을 맞닥뜨리는 것은 처음이다. '우리 반'이 생긴다는 사실이 왠지 설레기도 한다. 하지만 '우리 반'을 잘 운영해야 한다는 책임감과 함께 걱정,

두려움과 같은 감정들까지 함께 느끼게 된다.

앞으로 '우리 반'을 책임지고 잘 이끌어 가야 할 나!

교사인 나의 생각과 행동이 유아들에게 많은 영향을 끼친다는 사실을 끊임없이 상기시키려면, 약간의 긴장은 늘 장착하고 있어야 하는 것일지도 모른다. 그런데 매일, 순간순간 모든 것에 두려움부터 갖는 교사 생활이라면 어떨까? 두려움만 가득 안은 채 시작하는 교사 생활은 과연 누구에게 도움이 될까?

교사를 믿고 유아교육기관에 자녀를 보내는 보호자, 그리고 교사를 통해 가치관을 형성해 가는 유아들을 생각하면 교사로서의 역할과 책임의 무게가 결코 가볍지는 않을 것이다. 그러나 걱정만 앞세우기보다는 교사 스스로 자신의 마음을 냉철하게 들여다보고, 어떤 마음가짐을 지닐지 찬찬히 살펴본다면 한발 더 성장하는 교사가 될 것이다.

이상적인 유치원 교사상

직장인으로서의 교사 vs 교육자로서의 교사

유치원 교사라는 직업을 통해 생계를 유지하고 돈을 벌고자 하는 것은 전혀 이상한 일이 아니다. 그러나 다른 직업과 달리, 교사는 사람을 대상으로 하는 직업이라는 사실을 잊어서는 안 된다. 사람에 따라 자신의 직업에 대한 가치를 어디에 두는지 각각 다르겠지만, 유아와 많은 시간을 함께하며 지도하는 교사라면 그 어떤 것보다도 유아를 생각하는 마음이 우선되어야 하지 않을까? 물론 많은 유치원 교사들이 아이들을 사랑하는 마음으로 교사의 길로 들어서고, 유아들과 함께 생활하며 큰 보람과 에너지를 얻으며 살아가고 있다. 그러나 간혹 유아들과 상관없이 기계적으로 일하는 교사들도 있다. 사람이 사람을 교육하는 일을 하기에, 교사는 다른 무엇보다도 사람을 우선시해야 하는 직업이 아닐까? 잠시 생각해 보자.

'나는 어떤 교사가 되고 싶었던 걸까?'

능숙한 감정 조절자

분명 유아는 보호받고 존중받아야 할 존재이다. 누구보다 그 사실을 잘 알고 있지만, 유아와 함께 생활하다 보면 순간 화가 나거나 감정적으로 행동하게 될 때가 있다. 교사로서 그러면 안 된다는 것을 머리로는 알고 있으면서도, 유아의 행동과 말로 인해 분노의 감정이 생기기도 한다. 교사도 사람이고, 감정이 있다. 다만 유아들에 비해 인생의 다양한 경험과 깊은 사고력, 좀 더 면밀하게 타인을 생각하는 마음을 갖고 있는 어른이라는 것이다. 더구나 교사이기에 유아가 왜 그런 행동과 말을 하는지 전문가의 시각으로 냉철하게 판단하고 분석할 수 있어야 한다. 따라서 교사 스스로 자신의 감정을 마주하며 조절할 수 있는 힘이 더 필요하고, 유아의 행동과 말을 감정보다는 객관적으로 바라볼 줄 아는 역량이 필요하다.

360°전방 주시, 열린 귀

초임 때 교사들이 많이 하는 실수가 어떤 하나에 꽂히면 그것에 지나치게 몰입하는 것이다. 경력 교사들은 이렇게 말한다.

"한 유아랑 대화를 하더라도 교실이 한눈에 들어오는 곳에서 이야기 나누고, 눈은 늘 교실 곳곳을 살펴봐야 돼요. 그리고 멀리 떨어져 있는 유아의 외침도 들을 수 있어야 하고, 무언가 일이 발생하면 즉시 움직일 수 있어야 해요."

그러나 대부분의 교사는 다른 것에는 신경 쓰지 못한 채, 대화하고 있는 유아에게만 집중하게 된다. 현실적으로 한 반의 교사 대 유아의 비율이 1:1이 아니기 때문에 교사는 늘 촉을 세우고 있어야 된다. 물론 늘 촉을 세우고 있는 게 말처럼 쉬운 것도 아니고 처음부터 잘되는 것도 아니다. 다만 이 부분을 항상 기억하고 반복적으로 실천하다 보면 어느 순간 습관이 되어 있을 것이다.

머무르는 교사? 한걸음 앞서가는 교사

교육은 정체되어 있지 않다. 시대의 흐름에 따라 교육과정이 바뀌고, 교육의 패러다임도 변한다. 교사라면 당연히 이런 변화를 감지하고 이에 맞춰 고민해야 할 것이다. 경력이 쌓이고 자신만의 교육적 노하우가 생기면서 새로운 것에 도전하기보다는 머무르기를 선택하는 교사, '과연 내가 잘할 수 있을까?'라는 두려움에 고민만 하는 교사, '가뜩이나 일이 많고 아이들 보는 것도 힘든데, 귀찮게 이런 것까지 해야 돼?'라는 생각으로 불만만 가득한 교사가 있다. 그런 반면, '와, 이런 방법도 있구나.', '아이들이 재미있어 하겠네. 우리 반 아이들에게도 적용해 볼까?', '적용하기 조금 힘들 것 같긴 한데, 그래도 아이들한테는 좋겠네. 한번 시도해 볼까?'라는 마음으로 도전하는 교사가 있다.

한 사람의 인생에서 유아기가 중요하지만 많은 사람들은 초등, 중등에 비해 그 중요성을 쉽게 간과한다. 아직 어리고 판단력이 약하며, 학습이 집중적으로 이루어지는 시기가 아니기 때문에 보육하는 것에 더 큰 비중을 두기도 한다. 하지만 이 시기는 전두엽이 발달하는 시기이므로 인성, 도덕성, 상상력, 감정 조절 등 이 세상을 살아가는 데 필요한 기초가 형성되는 아주 중요한 시기이다. 특히 유아들은 온몸의 감각으로 세상과 만나며 소통해 나가기 때문에 유아기의 교육은 더욱 중요하다. 적기 교육이라는 말이 있듯이 유아기에 적합한 교육 방법을 고안하고, 우리 반 특성에 맞게 어떻게 적용할지 고민하는 교사와 함께하는 유아는 훗날 어떻게 성장해 나갈까? 제자리에 머무르는 교사가 될지, 한걸음 앞서가는 교사가 될지는 교사 자신의 선택이다. 다만, 중요한 시기에 놓여 있는 유아를 교육하는 교사라면 어떤 자세가 필요한지 누구나 잘 알 것이다.

발령 전에 말로만 들었던 유치원 현장

"아이한테 조금만 상처 나도 엄마들이 엄청 화낸대."
"유치원은 업무가 진짜 많대. 그래서 퇴근도 엄청 늦나 봐."
"아이들 준비물 정말 꼼꼼하게 잘 챙겨야 돼."
"처음부터 너무 잘해 주는 선배는 언제 뒤통수칠지 모르니까 조심해."
"처음에 아이들에게 얕보이면 안 돼."
"다른 반 선생님이 절대 안 도와준대. 혼자 스스로 해결해야 해."
"유치원 일이 너무 많아서 여가 시간도 갖기 힘들대."
"초임인 거 티내면 더 힘들어진대."

실습을 다녀온 후에는, 같은 과 친구들과 이런저런 이야기들을 나누며 현장에 대한 평가를 하게 된다. 그 과정에서 많은 예비 교사들이 기대감보다는 두려움을 갖고, 그로 인해 선입견이나 비합리적 신념을 갖기도 한다. 교사가 되어 실제로 이런 상황을 맞닥뜨리면 어떡하나 하는 두려움부터 갖기보다는, 현실적으로 이런 상황에서 어떻게 대처하는 것이 좋을지 생각하며 문제 상황에 적절하게 대처해야겠다는 내면의 힘을 기르는 것이 더 중요하다. 교사 생활에 대한 두려움의 감정이 또 다른 편견을 갖게 하고, 그 편견이 모든 판단의 기준이 되어 버리면, 객관적 사고가 어려워지기 때문이다. 현장의 어려움과 해결 방법에 대해 생각하는 그 순간부터 환경에 적응하는 면역력이 생기므로, 자신의 감정을 객관화시키는 방법 및 합리적 판단 기준이 필요하다.

유아들을 상대하고 학부모와 교류하는 유치원은 생방송 현장과 다름없으며, 언제 터질지 모르는 시한폭탄을 안고 있는 곳이다. 오랜 경력으로 나름의 노하우를 갖고 있는 교사라고 해도 현장에서 겪는 어려움을 피해 갈 수 없으며, 신학기마다 걱정과 두려움이 생기는 것은 어쩔 수가 없다. 특히나 아직 많은 상황을 접해 보지 못한 초임 교사들에게는 그 강도가 더 크게 다가올 것이다. 이럴 때 선배 교사들에게 조언을 구하거나 인터넷 커뮤니티, 책 등을 통해 정보를 얻으며 긍정적이고 합리적인 방법을 찾으려는 최소한의 노력이 매우 중요하다.

아직도 유치원 현장은 따뜻하다

기분 좋게 출근했는데 아침부터 실수를 해서 관리자에게 한 소리를 듣는다. 내 실수인 건 알지만 그래도 기분은 썩 좋지 않다. 아무리 떨쳐 버리려고 해도 계속 머릿속에 맴도는 날이 있다. 바로 그럴 때, "선생님, 마음 아파요? 내가 호 해 줄까요?", "선생님, 힘내세요. 사랑해요."라는 유아들의 말은 그 무엇보다도 최고의 치유제가 되어 준다. 속상했던 마음은 이내 사라지고 금세 웃음이 난다. 선생님을 향해 해맑게 웃는 유아들을 보면서, 쓱 다가와 선생님을 꼭 안아 주는 유아들을 대하며 어찌 힘을 내지 않을 수 있을까?

초임 교사 시절에는 이것저것 모르는 것이 많고, 실습 때 짧게 겪었던 현장의 모습을 떠올리며 걱정부터 앞서기도 한다. 어떻게든 스스로 해결해 보겠다는 생각에 '어떻게 해결하면 좋을까?' 하며 고민만 할 때가 많은데, 사실 주변을 둘러보면 이미 오랜 경험을 통해 조언을 해 줄 수 있는 많은 선배 교사들이 있다. 물론, "선생님 일은 선생님이 알아서 해야죠."라고 말하며 선을 긋는 선배 교사도 있겠지만, 기꺼이 도움의 손길을 내주는 선배 교사도 분명히 있다.

많은 초임 교사들이 주변의 선배 교사에게 선뜻 다가가기 힘들어 하거나, 도움을 요청하기 어려워한다. 그래서 비슷한 연차의 교사에게 유치원 교사 생활의 어려움을 토로하며 위안을 받기도 하는데, 실질적이고 근본적인 문제 해결이 되지 않을 때가 많다. 주저하지 말고 용기를 내서 한걸음 다가가 먼저 손을 내밀어 보자. 그리고 도움을 요청해 보자! 분명 선배 교사의 든든한 지원을 받을 수 있을 것이다.

교사로서 자신이 미흡하게 느껴지고 자부심이 떨어지며, 이상과 다른 현실에 딜레마가 올 때가 있다. 스스로가 교사로서 제대로 행동하고 있는지, 유아들에게 부족한 교사는 아닌지, 우리 반 아이들은 과연 행복할지, 중요한 유아기를 나 때문에 망치고 있는 건 아닌지 수많은 고민과 함께 교사 생활의 하루하루를 보낼 때가 있다. 이때 주변의 동료 교사, 선배 교사, 관리자 등을 믿고 먼저 손을 내밀어 조언을 구해 보는 것도 큰 도움이 되지만, 무엇보다 교사로서 스스로 자신감과 자존감을 가져야 한다. 누구나 처음부터 잘할 수는 없다는 사실을 인정하자. 다만 자신을 돌아보고 조금씩 성장하고자 하는 노력을 멈추지 않는다면, 어느 순간 어깨를 당당히 펴고 어떤 상황에서든 다시 힘을 낼 수 있는 교사가 되어 있을 것이다.

그러나 이것만큼은 피하고 싶다!

많은 예비 교사들이 '사람과의 관계'를 가장 두려워한다고 한다. 유치원에서는 원장, 원감, 동료 교사, 유아, 학부모 등 여러 사람들과의 교류가 이루어진다. 유아가 나를 100% 편안하게 해 주는 존재는 아니며, 누구 하나 쉬운 상대가 없다.

가깝고도 먼 존재, 관리자

유치원에 근무하면서 원장과 직접적으로 대면해 일을 하거나 면밀하게 의사소통을 하는 경우는 많지 않다. 어떤 유치원은 원장의 지휘 아래 업무가 진행되기도 하고, 어떤 유치원은 원감이 축이 되어 업무가 진행되도록 운영되기도 한다.

"재료 아껴서 사용하세요."

"이 계획서 이상해요. 내가 제안한 대로 행사 진행하세요."

"학부모에게 그렇게 말하면 어떡해요? 무조건 죄송하다고 말하세요."

"계획서 제출하느라 수고했어요. 고생 많았네요."

"아이들 때문에 힘들죠? 그래도 선생님을 바라보는 아이들이 있잖아요. 힘내요!"

"학부모와 소통이 잘되는 것 같아요. 선생님! 많이 노력한 만큼 성장하셨네요."

원장에 따라 교사에게 표현하는 방법도 제각각이겠지만, 업무를 원활하게 진행하고 교사로서 더 성장하기를 바라는 마음을 담고 있을 것이다. 하지만 직접적인 소통의 기회가 적은 데다, 동료 교사만큼의 라포rapport가 많이 형성되어 있지 않은 상태에서는 원장과의 거리감이 생길 수밖에 없다. 관리자의 한마디는 때로 더 큰 힘을 내도록 하는 '피로

회복제'가 되지만, 마음의 거리를 늘리기도 한다.

동료 교사! 아군인가, 적군인가?

교사는 유아들에게 '배려와 공감의 마음을 가져 보자.', '예절 바르게 생활해 볼까?', '친구와 나누며 생활해야지.' 등의 말을 한다. 그러면서도 정작 교사인 자신은 이기적인 모습을 보이는 경우가 있다. 혼자만 돋보이기 위해 의도적으로 옆 반 교사에게는 말하지 않고 유아들에게 선물을 주는 교사, 행사 전 자기 반 일 끝났다고 먼저 퇴근하는 교사, 자기 간식만 챙기는 교사, 특별한 이유 없이 아침에 일 있다고 통보하며 갑자기 출근을 안 하는 교사라면 누가 동료 교사로서 함께하고 싶을까? 점점 개인적이고 '함께'라는 공동체를 어려워하는 교사들이 많아지고 있다는 사실은 슬프지만 인정할 수밖에 없는 현실이다.

학부모! 동반자인가, 지시자인가?

모든 부모들에게 자신의 아이는 소중하다. 이런 부모의 마음을 교사도 이해한다. 그러나 교사에 대한 불신으로 깐깐하게만 구는 학부모를 만난다면, 교사는 유아와 생활하며 교육활동을 하는 데 많은 제약을 받을 뿐 아니라, 순간순간 멈칫하며 고민하게 된다.

"옷에 치약 좀 안 묻게 해 주세요."

"매시간마다 기침 몇 번씩 하는지 체크해 주세요."

"○○랑 놀기 싫대요. 둘이 떨어트려 주세요."

교사는 유아의 올바른 성장을 위해 상담을 통해서 더 나은 방법을 모색한다. 그러나 학부모의 일방적인 지시와 통보는 교사가 유아를 지도하는 데 많은 어려움을 초래한다. 예를 들면, 교사의 입장에서는 유아가 친구와 다투었을 때 서로의 감정을 공감하는 기회를 가지도록 하는 것이 중요하다고 생각한다. 그러나 종종 학부모가 교사의 의견에 귀를 닫은 채 "저희 아이와 무조건 떨어뜨려 주세요.", "그 아이와 같이 놀지 않게 해 주세요."라는 식으로 자신의 의견만 고집스럽게 주장하기도 한다. 결국 어쩔 수 없이 학부모의 의견을 수용하면서도 '이게 맞는 것일까?'라는 의문과 찜찜함이 남는다.

부모의 입장에서 자녀가 걱정되는 마음에 교사에게 이것저것 요구할 수도 있다. 다만 유아를 지도하는 데 있어 동반자적인 입장에서 함께 고민하고 교사가 제안하는 지도법을 적용해 보는 것이 아니라, 무조건 교사에게 자신의 의사를 관철시키고 지시만 하려는 학부모를 만난다면 교사는 유아를 지도할 동력을 잃게 될 것이다.

교사를 자괴감에 빠뜨리는 아이들

신학기마다 어떤 유아들을 만나게 될지 기대 반, 두려움 반이다. 그런데 유아의 특성을 파악하다 보면, 교사와 갈등이 많을 것 같은 유아, 말수가 지나치게 많은 유아, 친구를 때리는 유아, 산만한 유아, 눈물이 너무 많은 유아, 자존감이 낮은 유아, 욕하는 유아, 이기적인 유아 등 장점보다는 단점을 먼저 보게 된다. 그리고 그 단점을 장점으로 변화시키기 위해 어떻게 지도해야 할지 골머리를 앓는다. 나아가 교사를 힘들게 하는 유아와 생활하다 보면, 가끔 '내가 교사 자격이 있는 걸까?'하는 자괴감마저 들기도 한다.

교사의 말을 잘 따르고, 얌전하고, 조심성이 많고, 생각이 똑부러지고, 친구와 사이좋게 지내고, 배려심이 깊은 유아가 우리 반에 오기를 모든 교사가 바랄 것이다. 하지만 교사를 힘들게 하는 유아는 해마다 있으며, 그 스타일도 다양한 것이 현실이므로, 유아를 지도하는 방법도 해마다 새롭게 고민하고 그에 맞게 적용해야 한다.

유치원 교사에게 필요한 역량

피아제는 유아의 성장 과정에서 인지구조에 따라 환경의 요구를 수용(동화)해 적응하거나 환경의 요구를 변형(조절)함으로써 인지발달이 이루어진다고 한다. 비고츠키는 학습할 영역에 대해 전문적 지식과 기술을 지닌 사람이 학습자의 학습을 도와줄 경우, 학습자 개인이 혼자 도달할 수 있는 인지적 발달 수준보다 더 나은 수준에 이를 수 있다고 했다. 위 학자들의 의견을 종합해 보면 한 사람의 인생에서 유아기는 매우 중요한 시기라는 것을 알 수 있다. 이 시기의 생활 속 경험들을 재구조화하고 인지적 자극을 주어 발달과 성장으로 이끄는 최고의 촉진자는 바로 교사와 학부모일 것이다.

교사의 사소한 말 한마디, 행동 하나가 유아에게 영향을 준다는 사실을 문득 떠올릴 때마다 큰 책임감이 밀려올 것이다. 그렇기에 더더욱 교사에게는 유아에 대한 이해, 연구하는 자세, 교직 적응, 관계 및 소통 등 다방면의 역량이 필요하다. 그런데 실제 현장에서 맞닥뜨리는 문제를 해결하다 보면, 교직에 대한 적응 노력이나 차분하게 연구하려는 노력보다는 유아에 대한 이해나 관계 및 소통의 역량을 쌓는 데 더 갈급하게 된다. 당장의 문제 해결 방법을 찾는 것에 더 많은 시간과 에너지를 쏟게 되는 것이다. 그러나 어떤 것이 절대적으로 더 중요하거나 덜 중요하다고 할 수는 없다. 교사 스스로가 자신에게 어떤 역량이 더 필요한지 파악하고, 어떤 역량을 쌓는 것에 더욱 노력해야 할지를 고민해야 한다.

유아에 대한 이해

유아는 자신이 경험한 기억이나 오감을 통해 세상과 만나며 소통한다. 이때 놀이는 유아가 세상을 만나도록 해 주는 매개체가 된다. 동서고금을 막론하고 유아들은 놀이를 좋아해 왔으며, 놀이가 곧 삶이다. 따라서 놀이를 하는 가운데 유아의 잠재적인 특성을 발견하고, 그 안에서 배움이 일어날 수 있도록 교사는 끊임없이 관찰해야 한다. 교사는 유아의 놀이 속에서 이루어지는 관계, 표정 등을 살피며, 유아와 동반자적인 관계에서 놀이에 참여하는 과정을 통해 유아의 인지 수준, 타인과의 관계 형성, 기본적인 정서, 욕구나 기질 등을 이해할 수 있어야 한다.

세월의 흐름에 따라 시대도 변하고 유아들도 변한다. 10년 전의 5세와 현재의 5세는 다르다. 같은 5세라 해도 접하는 문화가 다르기 때문에 말하는 것, 생각하는 것, 행동하는 것 모두 다르다. 과거와 달리 최근에는 캠핑 문화가 점점 확산되고, 가족 단위 여행이 많아지면서 다양한 경험을 하는 유아들이 많아졌다. 또한 다양한 매체를 통해 학습하고, 휴대폰을 가까이 두는 유아들이 늘어나고 있다. 시대나 문화에 따라 유아들의 경험이 다르니 놀이 주제가 다양해지고, 교사에게 질문하는 내용의 범위도 넓어졌다. 따라서 교사는 유아를 이해하기 위해 끊임없이 노력해야 한다. 유아의 놀이를 이해할 수 있는 연수나 책을 통해 도움을 받을 수도 있고, 우리 반 유아 및 학부모와의 대화를 통해 현재 유아의 관심사에 대해 함께 고민해 볼 수 있을 것이다.

꾸준히 연구하는 자세

'유아중심·놀이중심 교육과정.' 교육과정이 개정될 때마다 교사들은 꽤 혼란스럽다. '지금까지 해 왔던 교육과정은 놀이중심이 아니었나?', '그동안 해 왔던 내 수업 방법의 방향이 잘못되었을까?', '놀이는 어느 범위까지 허용될까?' 등 고민이 많아진다. 그리고 새로운 교육과정이 머릿속에 제대로 정립되지 않아 연수를 받는다 해도 뭔가 시원하게 궁금증이 해소되지 않을 때가 많다. 하지만 첫술에 배부를 수는 없다. 연수를 바탕으로 참고할 수 있는 자료를 찾아보며, 아이들에게 실제로 꾸준히 적용해 보는 노력을 하다 보면 조금씩 방향이 보일 것이다.

수시로 바뀌는 교육과정을 꾸준히 연구하여 유아들에게 적용하고자 하는 노력뿐 아니라, 유아의 문제 행동이나 학부모의 고민 해결과 관련된 연구도 반드시 필요하다. '수업만 잘하면 되지, 굳이 개인 시간까지 투자해서 더 연구해야 해?'라는 마음보다 '보다 나은 교사로서의 역량을 위해 내 시간을 기꺼이 투자할 수 있어.'라는 긍정의 마음을 가진다면, 어떤 변화 속에서도 유연하게 대처할 수 있는 교사로 성장할 것이다.

교직 적응

학기중의 어느 날 아침, 한 초임 교사가 출근을 하지 않는다. 휴대폰도 꺼져 있고, 집 전화번호는 없다. 나중에 문자가 하나 온다.

'저 그만두겠습니다. 죄송합니다.'

내 맘처럼 따라 주지 않는 유아들, 교사에게 계속 불만을 늘어놓는 학부모, 어느새 경쟁 상대가 되어 버린 동료 교사. 초임 교사의 경우, 교사가 되기 전에 상상했던 것과 다른 현실을 맞닥뜨리면서 상황을 극복하기보다는 교사를 그만두는 안타까운 선택을 하는 경우가 있다. 하루에도 열두 번씩 마음속으로는 사직서를 던지며, 화나는 마음과 속에 있는 말들을 마음껏 내뱉고 싶은 것들을 꾹 참는 것은 어쩌면 초임 교사에게만 해당되는 일은 아닐 것이다. 유치원 교사라는 부푼 꿈을 안고 교직 생활에 들어섰지만, 이론과 현실의 차이는 꽤나 크기 때문에 누구나 포기하고 싶은 순간이 올 수 있다. 이런 상황에서도 최소 1년을 잘 마무리하느냐, 그냥 중도에 포기를 하느냐의 선택은 온전히 교사의 자유다. 그러나 포기하고 싶은 힘든 상황이 올 때 잠시 숨을 고르고 밝게 웃는 아이들, 의지가 되는 동료 교사, 교사로서 보람을 느꼈던 순간 등 교사 생활에서 힘이 되어 주었던 것들을 다시금 떠올려 보자. 교사로서 자신을 직시하고 어떤 부분이 가장 자신을 힘들게 하는지, 어떤 상황에서 보람을 느끼는지, 앞으로 어떤 방향으로 나아갈지를 고민한다면 조금씩 희망이 보일 것이다.

관계 맺음과 소통

교사가 25명의 유아를 맡고 있다고 해서, 그 유아들하고만 관계를 맺는 것은 아니다. 25명 유아들의 학부모, 보호자, 관리자, 동료 교사, 나아가 우리 반 학부모와 소통하고 있는 다른 반 학부모까지 그 수를 헤아리다 보면 100명이 훌쩍 넘는다.

교사라고 해서 누구나 처음부터 관계와 소통에 능숙할 수는 없다. 교사의 성향에 따라 유아에게 이끌려 가거나 학부모 전화 통화조차 어려움을 느끼며 긴장할 수도 있다.

처음부터 잘하는 교사는 없다. 다만 자신은 원래 내향적이라며 관계 맺음과 소통을 포기하기보다는, 자신의 부족한 부분을 인식하고 개선하기 위해 노력해 보면 어떨까?

'내가 어렸을 때는 선생님이 나에게 어떻게 해 주기를 바랐지? 내가 부모라면 어떤 교사를 원할까?' 등 역지사지의 마음으로 나와 관계를 맺는 이들의 시선에서 생각해 보고 어떻게 소통할지 고민해 보자. 어쩌면 그들이 조금은 다르게 보이고 한걸음 먼저 다가갈 수 있는 힘이 생길 수도 있을 것이다. 학부모는 먼저 소통하고자 다가오는 교사를 좀 더 신뢰할 것이고, 이러한 신뢰는 관계 맺음과 소통을 보다 원활하게 만들어 줄 것이다. 그리고 어떤 문제 상황이 발생했을 때 문제를 긍정적인 방향으로 해결할 수 있는 열쇠가 되어 줄 것이다.

유치원 교사의 정체성을 말한다

"나는 유치원 교사입니다!"

유치원 교사라면 '유아를 누구보다 사랑하는 교사', '유아교육을 위해 끊임없이 고민하는 교사', '학부모나 유아에게 공감을 잘하며 소통에 능숙한 교사' 등 누구나 자신이 떠올리는 교사의 상(想)이 있을 것이다.

이때 떠오르는 생각이나 모습이 자신의 직업적 정체성이라고 볼 수 있다.

그렇다면 유치원 교사의 직업적 정체성은 언제 형성될까?

유아교육과에 지원할 때부터 유치원 교사로서의 직업적 정체성을 찾은 사람도 있고, 교생실습 등으로 막연하게나마 교사 생활을 경험하고 나서 자신이 되고 싶은 유치원 교사의 상을 정하는 사람도 있을 것이다. 아니면 유치원 근무를 시작하고 나서, 또 어느 정도 경험이 한참 쌓인 후에 직업적 정체성을 찾는 교사도 있다.

어떤 상황이 되었든, 분명한 것은 유치원 교사라면 누구나 교사로서 자신의 정체성을 만들어 가는 과정을 겪는다는 것이다. 한 개인의 과거와 현재, 이상과 현실, 능력과 욕구 그 어느 것도 정확히 일치하는 경우는 극히 드물기 때문이다.

예를 들어, 대학 시절 모든 전공 과목과 실습 점수가 우수했던 사람도 실제 교사가 되고 난 이후에는 유아와 학부모, 동료 교사의 문제로 어려움을 겪을 수 있다. 보다 완벽한 교사가 되고 싶었지만, 순간적으로 벌어진 아이들의 말다툼조차 어쩌지 못하는 현실을 맞닥뜨리면서 스스로에게 실망할 수도 있는 것이다.

교사 생활을 시작한 후 생각과 다른 현실에 많이 힘들거나 스스로에게 실망하고 있는가, 아니면 만족하며 행복감을 느끼는가? 어떤 상황이든 교사의 직업적 정체성 형성에 영향을 끼친다는 것은 분명하다.

한 개인으로서 현재의 자신을 어떻게 생각하고 있는가? 스스로가 생각하기에 나는 어떤 사람인가? 타인의 시선이나 평가에 민감한지, 어떤 환경이나 상황 속에서 힘들어 하는지, 현재 속해 있는 조직 문화에서 언제 가장 행복함을 느끼고, 어떤 부분이 가장 힘겨운지를 스스로 돌아볼 필요가 있다. 다만, 이때 주의해야 할 것이 있는데, 무엇이 좋고 무엇이 나쁜지를 섣불리 판단해서는 안 된다는 것이다.

 스스로를 돌아보는 것은 자신의 감정, 욕구, 성향, 가치, 흥미, 능력 등을 스스로 인식해 보는 기회로 삼자는 것이지, 무엇이 좋고 무엇이 나쁜지를 구별하려는 것이 아니기 때문이다. 더구나 앞에서 언급한 부분은 옳고 그름의 가치판단 대상이 되지 않는다.

유치원 안과 유치원 밖에서 자신의 정체성이 어떻게 차이가 나는지 살펴보는 것도 의미가 있다. 유치원 교사로서의 정체성과 한 개인으로서의 자아 정체성은 유치원 교사로 일할 동안 삶의 방향을 설명할 수 있는 기준점이 될 것이다.

나는 어떤 사람이고 어떤 교사가 되고 싶은가? 또 나는 앞으로 어떻게 살아갈 것인지에 대해서 생각해 보자. 되도록이면 글로 써 보는 것이 더 효과적이다. 아들러, 로저스와 같은 유명한 심리학자들이 공통적으로 제안한 방법으로, 자신의 정체성을 알아 가는 가장 좋은 방법은 자신에 대한 글을 써 보는 것이다.

자신에게 메일을 보내도 되고, 카카오톡 나와의 대화로 '나는 유치원 교사 _____ 입니다'라는 제목으로 글을 써도 좋다. 일기 쓰기처럼 자신의 마음을 되돌아보게 되어 자신의 정체성을 만들어 가는 데 도움이 될 것이다.

학부모를 만나다

교사에게 힘을 주는 학부모

한마디의 힘은 크다

"선생님께 작은 선물도 드리지 못해 너무 안타까워요. 1년 동안 선생님과 함께해서 감사했고, 헤어지게 돼서 정말 아쉬워요. 이렇게 편지로나마 제 마음을 표현해요. 1년 동안 진심으로 감사했습니다. 제 마음과 우리 아이 마음속에 좋은 선생님으로 오랫동안 남을 거예요."

졸업식 날 교사의 두 손을 꼭 잡고 눈물을 글썽이며 말하는 학부모의 모습은 기억에 오래도록 남는다. '학부모'는 교사에게 어렵고 긴장감을 주는 존재이지만, 한마디 말로 1년의 힘듦과 어려움을 한순간에

잊게 해 주는 힘이 있는 존재이기도 하다.

나에게 '한마디의 응원'으로 힘을 주시는 학부모들을 기억하자.

충분한 이해와 공감

즐거운 봄소풍 날. 한 유아가 뛰어가다 넘어져서 무릎에 상처가 났
다. 생각보다 상처 부위가 넓어 교사는 응급처치를 한 후, 바로 학부모
에게 연락을 드렸다. 학부모는 병원 갈 정도는 아니라고 판단한 듯, 통
화 말미에 "괜찮아요."라고 한다.

말로는 괜찮다고 하지만, 막상 다친 아이를 보면 학부모는 어떻게
반응할까? 많이 속상해 하시지는 않을지, 어떻게 말씀을 드려야 할지
소풍 내내 교사의 마음 한구석이 불편함으로 가득하다. 소풍을 마치고
유치원에 도착하자 다친 유아를 마중 나온 학부모는 "즐거운 소풍날
저희 아이가 다쳐서 선생님 마음이 많이 안 좋으셨겠어요."라고 한다.
내내 불안했던 교사의 마음이 한순간에 편안해지면서, 학부모에게 감
사하는 마음과 함께 아이들을 더 잘 살펴야겠다고 생각한다.

유아들과 생활하다 보면 예상치 못한 다양한 상황들이 발생한다. 교
사를 전적으로 신뢰해 주기를 바라는 마음과 달리, 때로는 자녀의 일
이기에 앞뒤 상황을 가리지 않고, 불편한 감정만 앞세워 교사에게 공
격적으로 말하거나 행동하는 학부모가 있다. 그러나 "선생님, 그럴 수
도 있죠, 뭐."라며 교사의 입장과 상황을 이해하고 공감하며, 교육기관
을 신뢰해 주는 학부모가 많다는 사실을 잊지 말자.

교육활동의 동반자

유치원 교사들은 유아들을 지도하면서 '나의 교육활동을 학부모님들이 얼마나 이해하고 수용하실까?', '교사로서 나를 얼마나 믿고 계실까?' 라는 생각을 할 때가 있다. 때로는 교사의 교육 방법에 불만을 품거나 다른 방법을 제시해 주길 바라는 학부모, 자신이 교사보다 한수 위라는 것을 강조하는 학부모도 있다. 그러나 모든 학부모가 그런 것은 아니다.

"선생님, 여러 가지 말씀 참 감사해요."
"선생님 말씀 잘 기억해서 집에서 아이한테 한번 시도해 볼게요."
"선생님을 만나서 참 다행이에요."

교사를 믿고 아이를 위해 집에서도 함께 노력하겠다는 학부모의 말은 교사에게 정말 큰 힘이 된다. 또한 교육활동을 하는 데 자신감을 얻을 수 있다. 교사와 면밀한 대화를 통해 함께 고민하고 가정에서 연계하여 지도하려고 노력하는 학부모는 교사의 든든한 아군이다.

교사를 힘들게 하는 학부모

교사에게 의존하는 자녀 교육

학기초, 한 유아의 행동을 유심히 관찰해 오던 교사는 '이 아이가 혹시 ADHD가 아닐까?'라는 생각을 하면서, 많은 고민 끝에 조심스레 해당 유아의 학부모와 상담을 진행했다. 하지만 학부모는 교사에게 아이의 행동 지도를 부탁하고는 가정에서는 별다른 조치를 취하지 않았다. 결국 2학기 상담 때 학부모는 눈물을 흘리며 아이에게 기본적인 검사조차 받지 않도록 한 것을 후회했다. 그러나 그 이후에도 가정에서 이루어진 별다른 조치는 없었으며, 유치원을 졸업한 아이는 초등학교 1학년이 되어 그 반에서 수업을 가장 방해하는 학생이 되어 버렸다.

맞벌이하는 가정이 점점 늘어나고 있는 현실도 한몫하겠지만, 자녀 양육에 엄청나게 신경을 쓰면서도 유치원에서 교사가 아이를 완벽하게 지도하고 돌봐주기를 바라는 학부모가 더욱 많아지고 있다. 하지만 완벽한 지도와 돌봄을 넘어서 "저는 어떻게 아이를 지도해야 할지 잘 모르겠어요. 아무리 제 아이라고 해도 너무 어려워요. 그냥 선생님께서 다 알아서 교육해 주세요."라며 자녀의 교육을 교사에게 전적으로 맡기며 의존하는 학부모도 있다. 물론 교사는 유아의 교육을 위해 최선을 다하지만, 가정과의 연계가 안 되는 교육은 분명 한계가 있다.

교사를 불신하며 무시하는 학부모

"선생님, 몇 살이세요?"

"선생님은 아직 결혼 안 하셨죠?"

"유아교육과 전공하신 거 맞나요?"

"선생님이 처음이라 잘 모르시나 본데……."

가정에서도 앞서 다가올 교육 패러다임에 대비해 꼼꼼하게 공부하고 자녀에게 좋다는 교육을 모두 시도해 보는 학부모들이 많아졌다. 결혼과 출산, 양육의 선경험자라는 이유로, 또는 자녀 교육에 대한 이런저런 지식과 정보를 많이 접했다는 이유로, 자신이 알고 있는 것을 절대적으로 믿으며 교사를 불신하거나 무시하는 학부모가 있다. 이런 학부모는 교사를 무턱대고 어리숙하게 보거나 무시하는 태도를 보이기도 한다. 대부분 많은 교사가 이런 학부모의 말과 행동을 참고 넘기지만, 교사도 사람이기에 자신을 무시하는 언행에 기분이 나쁘고 자존심이 상하는 것은 어쩔 수가 없다.

부모란? 나도 부모가 처음이야!

'부모'라는 이름의 무게

'몇 년을 기다려 시험관으로 겨우 가진 귀한 아이, 양쪽 집안에서 유일한 손자인 내 아이, 다른 아이들보다 월등하게 뛰어나고 똑똑한 아이, 누구보다 착한 아이'

모든 부모에게 자녀는 귀하고 무엇과도 바꿀 수 없는 소중한 존재이다. 그런데 부모가 될 몸과 마음의 준비와 계획을 철저히 한 후에 부모가 되는 사람은 얼마나 될까? 부모는 아이가 태어나고 어느새 '부모'라는 이름의 무게를 짊어진 이후 겪는 모든 것이 새롭기만 하다.

한 번도 경험해 보지 못한 부모의 입장, 학교에서도 제대로 배워 본 적 없는 부모의 역할과 책임!

임신, 출산, 육아, 부모의 역할, 부모 교육, 자녀 교육에 대한 다양한 책들도 있지만, 책 속에서 제시하거나 조언하고 있는 내용들이 내 아이에게 맞춤으로 적용할 수 있는 정답은 아니다. 부모가 된 이상, 아이가 잘 성장하도록 물심양면으로 지원하고, 조력자가 되어 주어야 하기에 그 책임은 크다. 처음에는 아이의 탄생 그 자체만으로도 기쁨이고 행복이었지만, 아이가 성장하면서 점점 커지는 '부모'의 역할은 피할 수 없는 숙제 같은 것이 되었다.

아무도 알려 주지 않는 내 아이 교육법

아이를 가진 부모라면 누구나 아이를 잘 키우고 싶은 마음일 것이다. 그러나 그전에 경험해 보지 못한 '부모'의 역할이 막막할 때가 많다. 그래서 많은 부모들이 책, 영상, 방송, 커뮤니티 사이트, 주변 부모들의 교육 방식 탐색 등의 다양한 경로로 육아 정보를 얻고 경험을 공유하며 아이를 양육한다. 하지만 외부의 정보에만 지나치게 의존하다 보면 어느 순간 자녀를 다른 아이들과 비교하게 되고, 내 아이가 뒤처지는 것은 아닌지 불안해 한다.

"○○는 벌써 구구단을 외운다는데 우리 아이도 미리 시켜야 되나?"

"벌써 위인전을 읽는다고? 우리 아이는 아직 한글도 모르는데……."

"피아노, 미술, 태권도는 기본이라고?"

끊임없이 다른 아이들과 비교하다 보면, 어느 순간 부모는 팔랑귀가 되어 양육이나 교육이 일관성 없는 방향으로 흘러 우왕좌왕하게 되는 것이다. 물론 모든 부모가 그런 것은 아니다.

"선생님, 저는 남들이 하는 거라고 해서 제 아이에게 다 시키지는 않아요."
"평소에 아이가 필요로 하는 것을 지원해 주고, 학원도 관심을 보일 때 보내려고요."
"내 아이한테 맞는 게 무엇인지 알고 주변에 휩쓸리지 않으려고 해요."

자녀 양육에 대한 자신만의 가치관이 제대로 서 있고, 소신 있게 자신의 아이에게 맞는 교육 방법을 적용하려는 부모들도 많다. 아이를 배제한 채 부모의 욕구만 우선시하는 게 아니라, 철저하게 아이를 배움의 주체로 여기는 것이다.

학부모의 욕구를 들여다보다

외부의 교육 정보에 유난히 민감하게 반응하는 학부모의 마음속에는 어떤 욕구가 자리하고 있을까? 과거에 비해 현재는 맞벌이가정이 많아졌다. 가정에서 전업주부로 아이를 돌보는 어머니들과 달리, 직장을 다니고 있는 어머니들의 이야기를 들어 보면, 아이와 함께 많은 시간을 보내지 못하는 것에 대한 미안함과 죄책감을 가지고 있는 경우가 많다. 혹시나 아이에게 신경을 쓰지 못하는 사이 아이가 다른 아이들보다 뒤처지는 것은 아닌지, 사람들의 입방아에 오르내리지는 않을지 불안하기도 하고, 다른 부모들보다 제대로 양육을 하지 못한다는 평가를 받을까 두려운 마음도 드는 것이다. 그래서 퇴근 후에도 시간을 쪼개어 직접 아이의 학습을 지도하고, 주말에는 다양한 체험을 위해 더 분주하게 노력한다.

아이보다 인생을 먼저 살아 봤기에 많은 부모들은 자신보다 아이가 좀 더 좋은 환경에서 큰 어려움 없이 잘 성장하기를 바란다. 또한 다가올 무한경쟁시대에서 내 아이가 도태되지는 않을지 불안해 하기도 한다. 그러다 보니 부모의 욕구를 앞세워 아이에게 자꾸 잔소리 아닌 잔소리를 하며 채근하게 된다.

부모 스스로 자신감을 가지고 자신만의 교육관을 정립하며, 아이의 인생 설계자가 아닌 조력자로서의 역할을 할 수 있도록 교사가 적극적으로 지지하려면 이러한 학부모의 욕구들을 들여다볼 필요가 있다.

가깝고도 먼 교사와 학부모 사이

학부모는 가정에서 아이를 양육하고, 교사는 유치원에서 아이를 교육한다. 인생에서 중요한 유아기에 놓인 한 아이를 학부모와 교사가 연계하여 조력하며 교육한다. 그래서 부모와 교사는 가까운 사이가 될

수밖에 없다.

많은 학부모가 자신의 아이에 대해 주관적인 관점에서 말하고, 교사는 객관적인 관점에서 유아에 대해 말한다. 이러한 관점의 차이로 인해 학부모와 교사의 마음의 거리가 멀어지기도 한다.

어떤 유치원 교사라도, 1년 동안 함께할 유아들뿐 아니라 학부모들과도 좋은 관계를 맺으며 잘 지내기를 바라는 마음이 크다. 학부모가 교사의 이야기를 열린 마음으로 귀담아 들어 주고, 담임교사로서 신뢰한다는 믿음을 보여 줄 때, 교사는 학부모와 함께 아이를 양육하는 마음으로 유아를 지도하는 데 긍정적인 에너지를 얻게 된다. 그러나 유아에 대한 이야기를 나눌 때, 늘 무표정한 얼굴과 딱딱한 목소리로 일관하거나 교사와의 대화를 피하려는 학부모를 만나면, 교사는 학부모와 큰 거리를 느끼게 된다.

"선생님, 정말 감사해요."

"우리 유치원, 우리 반 선생님이 최고예요."

늘 아낌없는 미소와 칭찬으로 교사를 응원하는 학부모들을 만나면 교사는 감동과 감사의 마음을 가지고, 친밀함을 느끼게 된다. 하지만 앞에서는 늘 교사에 대한 칭찬과 격려로 일관하던 학부모가 어느 날 갑자기 다른 유치원으로 옮기거나, 다른 학부모들에게 교사에 대한 험담을 한 사실을 알게 된다면 대부분의 교사는 씁쓸함을 느낄 것이다. 이런 부정적인 경험이 한두 번 쌓이다 보면, 학부모를 신뢰하던 교사도 '학부모의 말을 어디까지 진심으로 받아들여야 할까?'라는 의심이 생겨날 것이다. 이런 마음이 들다 보면 결국 교사와 학부모 사이에는 마음의 벽이 생길 수밖에 없다.

4가지 유형으로 보는 학부모

우리 반 학부모 한 사람 한 사람 모두 다른 특성을 가지고 있고, 또 해마다 새로운 학부모를 만난다. 게다가 다른 반 학부모까지 대면하게 되는 경우도 있다. 어느 정도 라포rapport를 형성하고 있는 학부모를 만날 때는 그나마 마음의 여유가 있지만, 그렇지 않은 학부모를 대면할 때는 혹시 실수를 하지는 않을지 학부모 입장에서 오해나 기분 나쁜 일이 생기지 않을지 등등 온갖 생각을 머릿속에 떠올리며 조심하게 된다. 여기서는 학부모의 특성을 이해하는 데 도움이 되고자, 유치원에서 자주 만나는 학부모를 크게 4가지 유형으로 나눠 보았다.

신뢰형

교사와 끊임없이 대화하기를 원하며, 교사의 의견을 경청하는 모습을 보인다. 자녀 및 교사에게 무한한 관심과 사랑을 보이며, 엄격하면서도 자애롭고, 자녀에 대해 신뢰감과 책임감을 갖는다.

부정형

아이나 교사, 유치원에 대한 시각이 늘 부정적이다. 사소한 일에도 민감하게 반응하고 자기주장이 강하며, 철저하게 자신의 주관적인 입장과 해석대로 문제를 해결하려고 한다.

과잉형(허용적)

아이에게 큰 애정을 보이지만, 아이를 적절하게 통제하지 못하며 아이에게 올바른 행동을 제안하기보다는 모든 요구사항을 수용한다.

방임형

대부분 부모가 정서적으로 문제가 있거나 자신의 생활에서 오는 스트레스가 높아 아이에게 관심을 가질 여유가 없다. 다양한 이유로 여유가 없는 일상 때문에, 자녀를 일관성 있는 태도로 양육하지 못한다.

학부모가 보이는 말과 행동을 잘 살펴보면, 그 이면에 숨어 있는 학부모의 마음이나 욕구를 좀 더 쉽게 파악할 수 있을 것이다. 학부모 유형에 따른 소통 방법에 대해서는 뒤에서 좀 더 자세히 살펴보기로 한다.

동반 성장을 위한 소통

'소통'의 사전적 의미는 '뜻이 서로 통하여 오해가 없음'이다. 이러한 소통의 의미를 모르는 이는 거의 없을 것이다. 우리는 '소통'이라는 말을 아주 흔하게 쓰지만, 알고 있는 것만큼 실천하는 것이 쉽지는 않다.

유아와 관련된 여러 사항들에 대해 교사와 학부모는 끊임없이 소통하는 관계이다. 그런데 유치원에서 발생하는 같은 상황을 두고, 학부모의 언어와 교사의 언어가 서로 달라서 오해가 생기고 소통이 잘 되지 않는 경우가 있다. 그 결과, 어떤 경우에는 소통으로 시작해 분쟁으로 끝나기도 한다.

교사 : "얘들아, 오늘 곤충에 대해 알아보았는데, 혹시 집에 친구에게 소개해 주고 싶은 곤충 자료가 있으면 내일 가지고 와도 돼."
학부모 : "선생님께서 곤충 장난감 가져오라고 하셨다면서요. 저희 집에는 곤충 장난감이 없는데 사서 보내란 말씀인가요?"

교사는 교사의 입장에서, 학부모는 학부모의 입장에서 서로 다른 관점으로 상황을 바라보다 보니, 간단한 전달 사항도 의도와 다르게 전달되는 경우가 있고, 문제의 해결점을 잘못 찾는 경우도 있다.

여러 명의 유아를 맡고 있는 교사의 입장에서는 반 전체 유아들을 고려하면서도, 유아교육 전문가로서 교육에 최우선의 가치를 두고 학부모와 소통하려는 경향이 있다. 그런데 어떤 학부모는 자신의 아이를 보호하고 방어하는 데 급급한 경우가 있다. 그래서 자녀가 다른 유아를 때렸는데도, "맞은 아이는 괜찮나요?"라고 묻기보다는 오히려 "저희 아이의 마음이 다친 것은 괜찮고요?"라며 따져 묻는 것이다. 이런 경우 교사로서 속상한 마음이 들거나 회의감이 들기도 할 것이다. 또 소통하고자 하는 의지마저 꺾일 수도 있다. 하지만 잊지 말자. 학부모와 교사는 아이라는 하나의 별 안에서 함께 소통하며 동반 성장해 나가는 관계라는 것을 말이다. 서로의 언어가 다르다는 것을 인정하고, 먼저 학부모의 말에 숨은 의도를 파악하여 학부모에게 공감하며 다가간다면, 학부모와의 소통의 길은 활짝 열릴 것이다.

학부모의 불안을 잠재우는 격려의 메시지

유치원에 입학한 아이는 첫 공동체 생활과 첫 사회적 관계 설정의 시기에 놓인다. 따라서 유치원 학부모는 자신의 아이가 인지적으로 어떻게 성장하게 될지 매우 궁금해 한다. 친구들과 관계를 잘 맺을 수 있을지 불안해 하기도 하고, 집에서 보여 주지 않던 어떤 다른 능력을 보여 줄지 궁금해 하며 희망과 기대를 갖는다. 학부모의 입장에서는 중요한 시기에 놓인 아이에게 과연 부모로서 잘하고 있는지 스스로에게 묻고, 주변에 확인하게 되는 시기인 것이다. 따라서, 교사가 보기에는 사소한 에피소드에도 과도하게 놀라거나 불안해 하는 학부모, 앞뒤 맥락을 따지지 않고 거세게 화를 내거나 커다란 감정의 기복을 보이는 학부모를 종종 만나게 된다. 특히 '다른 아이보다 뒤처지면 어떻게 하지?', '우리 아이만 못 따라가면 어떡하지?'와 같은 걱정과 염려가 가장 큰 시기의 학부모 마음, 어떻게 접근해야 할까?

학부모는 현재 불안과 걱정, 희망과 기대가 하루에도 몇 번씩 뒤바뀔 수 있는 시기에 놓인 상황이라는 것을 염두에 두고 대화하는 것이 필요하다. 이러한 상황에서는 학부모의 불안함을 잠재우기 위해 "불안해 하지 않으셔도 돼요."라는 직접적인 메시지를 주는 것보다 "지금 주어진 상황에서 잘하고 계신 것 같아요. 응원합니다."와 같은 동반자로서의 응원과 격려의 메시지가 훨씬 효과적이다. 그리고 이런 격려의 메시지가 효과를 발휘하려면 그 안에 진정성을 담아야 한다. 진심으로 학부모의 상황과 애씀을 공감하고 격려해 준다면 교사와 학부모 사이에 강한 신뢰가 형성되면서 비로소 격려의 메시지가 학부모에게 오롯이 전달될 것이다.

학부모도 교사에게 격려받고 싶어 하는 존재라는 것이 느껴진다면, 작은 미소와 간단한 인사만으로도 학부모에게 진심과 격려가 전달될 것이다.

Chapter 2

소통으로
함께 성장하자

．．．

'부모' 하면 어떤 느낌이 들까? 많은 사람들이 자신을 낳아 주시고 길러 주신 부모님을 떠올리면서 고마움, 미안함, 행복함 등등의 여러 가지 감정들을 느낄 것이다. 부모에게 자녀가 그러하듯, 자녀에게도 부모는 말로 표현할 수 없는 그 이상의 무엇이다.

그렇다면, '학부모' 하면 어떤 느낌이 들까? 교사의 입장에서는 긍정적인 단어보다 부담감, 긴장감, 거리감 등의 부정적인 단어가 더 먼저 떠오를 때가 많다.

학부모와 교사는 유아를 바라보는 관점이나 역할, 기대감 등에서 오는 차이로 인해 갈등 상황이 발생할 수 있으며, 긴밀한 소통이 필요함에도 불구하고 가로막힌 장벽처럼 심리적 거리감을 크게 느낄 때가 있다. 교사도 사람이기에 다양한 상황에서 오는 불편함이나 속상한 감정에 사로잡힐 때가 있지만, 자신의 속상한 감정에 몰입하기보다는 처해진 상황을 냉철하게 바라보는 시각과 상대의 입장에서 이해하려고 노력하는 태도의 필요성을 앞서 살펴보았다.

···

교사의 노력과 공감은 학부모와의 원활한 소통뿐 아니라 학부모와 협력적인 관계를 유지하는 밑거름이 된다.

이번 장에서는 학부모와 교사의 원활한 소통을 막는 외부·내부 요인을 파악하고, 학부모와의 소통을 위한 효율적인 전략, 학부모 유형에 따른 소통 방법에 대해 알아본다.

1

소통을 막는
내부 요인

　교사라면 누구나 학부모와의 만남과 소통이 중요하다는 것을 알고 있다. 그러나 근무 첫날부터 학부모 소통이 어렵다는 것을 머리가 아닌 몸과 마음으로 느끼게 되는 경우가 많다. 학부모 소통이 중요한 것도 알고 어떻게 해야 하는지 머리로는 알면서도, 이상하게 교사에게는 학부모와의 대화 자체에서 피곤함부터 몰려올 때가 많다. 그 이유는 무엇일까? 유치원 교사들이 흔히 겪는 다음의 사례를 통해 학부모와의 소통을 어렵게 만드는 교사 자신의 내부적 요인부터 찾아보자.

내일 사용할 놀이 지원 자료를 준비하느라 정신이 없는데, 뒷주머니의 휴대폰이 울린다. 확인해 보니 민재 어머님이다. 갑자기 심장이 쿵쾅쿵쾅 뛰고 손에 땀이 난다. 나도 모르게 얼굴이 후끈 달아오르는 느낌이 든다. '받을까, 말까?' 몇 초의 짧은 순간에도 머릿속에서는 수많은 생각이 오간다. 호흡을 가다듬고 전화를 받으려던 순간 전화가 끊어졌다. 부재중 전화 알림 화면을 보며 괜시리 짜증이 난다.

민재는 유치원에서 4세 때부터 봐 왔던 아이다. 맞벌이 부부 사이에서 시험관아기로 아주 어렵게 태어난 귀한 아이란다. 5세 때는 첫 수업을 마친 귀가 시간에 민재의 친가부터 외가까지 모든 식구들이 유치원으로 총출동을 했다.

일하는 엄마 대신, 주로 민재를 돌보시는 외할머니께서는 별일 아닌 데도 유치원에 수시로 전화를 하신다. 물론 교사에게 항상 잘 부탁드린다고 말씀하신다. 민재 어머니는 일하는 와중에도 아이에게 신경을 많이 쓰고 계신다. 그런데, 툭하면 유치원으로 민원성 전화를 걸어서 교사로서 여간 힘든 게 아니다. 어떤 때는 교사인 내가 마치 빛이라도 져 독촉받는 느낌이 든다. 지난번에는 담임인 나에게 물어보면 되는 것을 원감 선생님께 직접 전화하는 바람에 입장이 무척 난처했다. 이번에는 또 무슨 일일까? 전화를 걸까 말까 내 손은 아직도 휴대폰만 만지작거리고 있다.

이 사례에서 교사는 민재 외할머니뿐 아니라 어머니의 잦은 민원으로 많이 지쳐 있는 상태다. 교사 자신에게 쏟아야 할 심리적 에너지를 유아의 보호자에게 과도하게 쓰게 되는 것이다. 이런 상황을 자주 겪을 경우 교사는 학부모와의 만남 자체를 꺼릴 수밖에 없다. 사람은 누구나 스스로를 보호하려는 본능이 있으니까 말이다. 학부모의 민원전화를 받고 나서 교사는 혼자 소리를 지를지도 모른다. 그렇게라도 하지 않으면 더 지치고 힘들어질 수 있으므로, 어찌 보면 스스로를 보호하기 위한 자구책이라 할 수 있다. 사람은 위기 상황에서 자신을 보호하려는 무의식, 의식적인 조치를 취하게 되기 때문이다. 그런데 여기서 그치지 않고, 교사 스스로 자신이 심리적으로 안정을 취할 수 있는 전략을 알고 있다면, 불필요한 곳에 과도하게 에너지를 낭비하지 않을 뿐 아니라, 직무 만족도까지 높일 수 있다. 그럼, 무엇부터 하면 좋을까? 바로 자신의 내면에 대해 정확하게 인식하는 것이다. 교사인 나로부터 한발 물러나 자신의 상태를 객관적으로 살펴보자.

유치원 교사로서의 욕구

교사는 기본적으로 유아와 학부모에게 '존경받는 교사', '좋은 교사', '의미 있고 가치 있는 일을 하는 교사'가 되고 싶은 욕구를 가지고 있다. 교사의 직무를 제대로 수행하면서 행복한 교사가 되고 싶은 욕구는 유치원 교사뿐 아니라, '교사'라는 이름을 가진 모든 이들에게 해당

되는 '기본적 욕구'일 것이다. 이러한 욕구는 교사 생활을 보다 보람 있고 윤택하게 만드는 밑거름이 된다. 그러나 문제는, 이러한 '기본적 욕구'가 항상 충족되기는 어렵다는 것이다. 만약 교사에게 요구 사항이 유난히 많은 학부모와 대화를 나눈 후 답답함을 느낀다면, 그것은 교사의 마음속에 자리하고 있는 욕구와 만났기 때문일 것이다. 특히 유치원 교사에게는 유아가 교사인 자신을 부모님처럼 믿고 따라 주기를 바라는 욕구가 있다. 다른 학교급의 교사와 달리, 교육의 영역뿐 아니라 돌봄 영역의 요구에 대해서도 잘하고자 하는 욕구가 있는 것이다. 물론 이러한 욕구들이 유치원 교사에게 스스로를 성장으로 이끄는 동기를 제공하지만, 과할 경우에는 스스로를 지치게 만들고 에너지를 소진시키는 요인이 되기도 한다.

교사 역할이 주는 압박

사람은 누구나 자신의 역할에 대한 갈등을 겪는다. 교사 또한 마찬가지다. 엄마로서의 역할, 아빠로서의 역할, 교사로서의 역할. '선생님은 친절해야 해.', '선생님이니까 좀 참아야지.', '선생님은 뭐든 잘하고 능숙해야 해.'처럼 교사에게 요구되는 역할에 대한 압박감이 있다.

'유치원 교사는 ~해야 한다'라는 말이 익숙하지 않은가? 유아나 학부모와 소통하며 관계 맺는 과정에서 교사도 한 인간으로서 받아들이고 싶은 감정과 과감히 표현하고 싶은 감정들이 생겨날 것이다. 하지만 이러한 감정들이 '교사'라는 역할의 압박을 받으면, 교사는 더욱 위축되고 어찌할 바를 모르게 된다.

'나도 그저 한 인간일 뿐이야. 누구나 이런 상황에서는 힘든 게 당연해. 나 혼자서 완벽하게 해결하기는 어려워.'라는 내면의 소리와 '그래도 내가 교사니까 책임감을 가지고 문제를 완벽하게 해결해야 해.'라는 역할의 압박이 충돌하면서 교사를 더욱 혼란스럽게 만들기 때문이다.

무조건 수용하는 태도

일이 더 커지지 않기를 바라는 생각, 학부모와의 대화를 빨리 끝내고 싶은 생각에 학부모의 요구를 무조건적으로 수용하는 경우가 있다. 물론, 학부모의 요구를 무조건 받아들인다면 학부모와의 대화를 빨리 끝낼 수 있을 뿐 아니라, 당장의 불편한 상황을 마무리 지을 수 있을지도 모른다. 하지만 그것으로는 근본적인 문제를 해결할 수 없다. 학부모는 끊임없이 또 다른 요구를 할 수도 있고, 제대로 된 소통 없이 매번 무조건적으로 수용하다 보면 교사로서의 효능감마저 떨어질 것이다. 어느 순간, '이게 아닌데.'라는 생각이 들면서, 문제를 해결해 온 것이 아니라 문제를 키워 왔다는 생각이 들어 학부모와의 소통을 더 주저하게 될 수도 있다.

경청 피로감

자기표현의 본능적인 욕구를 누르면서 학부모의 말 속에 담겨 있는 감정과 욕구, 의도나 생각 등을 모두 파악하며 처음부터 끝까지 경청하는 것은 현실적으로 어려운 일이다. 그런데도 완벽하게 모든 내용을 경청하려고 한다면 피로도가 높아질 수밖에 없다. 따라서 학부모가 하는 이야기의 모든 내용을 빠짐없이 들으려 하기보다 핵심이 무엇인지 선택적 경청을 하는 것이 효과적이다. 선택적 경청을 하는 가장 쉬운 방법은 '표면 아래에 숨어 있는 핵심 욕구는 무엇일까?'와 같이 궁금해하면서 듣는 것이다. 예를 들어, '학부모가 교사에게 전화를 한 이유는 무엇일까?', '정작 하고 싶었던 이야기는 무엇일까?' 등 스스로 질문해보며 경청을 연습해 보자.

교사 안의 권위주의

학부모의 부당한 항의나 요구에 대해 교사가 제대로 대응을 못하는 상황에서도, 교사의 마음 한구석에는 '내가 유아들을 교육하는 전문가인데, 나를 무시하나?'라는 생각이 자리하는 경우가 있다. 얼핏 보면 이런 생각이 교사로서 당연한 것 같다. 하지만 상황을 천천히 되돌려 생각해 보면 학부모가 교사를 무시해서 그런 것인지 아닌지를 정확하게 판단하기는 어렵다. 만약 자신의 신분이 교사가 아니었다면 학부모로부터 무시당했다는 생각을 하지 않았을지도 모른다. '교사인 나를 무시하다니⋯⋯.'라는 생각의 기저에는 어쩌면 교사로서의 권위주의가 자리했던 것은 아닐까? 권위는 스스로 내세우려 한다고 세워지는 것이 아니라, 타인으로부터 인정받을 때 자연스럽게 살아난다. 스스로가 교사이기 때문에 당연히 인정받아야 한다는 생각은 자칫 권위주의처럼 보일 수 있고, 이러한 태도는 학부모와의 소통을 가로막는 벽이 될 것이다.

학부모에 대한 고정관념

유아나 학부모로 인해 불편하거나 불쾌한 마음이 지속적으로 쌓이면, 쉽사리 지우거나 떨쳐 내기 어렵다. 그렇게 자리 잡은 불편한 마음이 학부모에 대한 고정관념으로 굳어 버리는 경우가 있다. 물론 그 반대의 경우에도 고정관념이 생길 수 있다. 그 상태로 새로운 1년이 시작되고 새로운 유아들과 학부모를 만나더라도, 편견이나 고정관념으로 학부모를 바라보게 된다. 상대에 대한 고정관념이나 편견은 소통의 기본인 '듣기'를 방해한다. 한 사람을 안다는 것은 그의 역사를 안다는 말도 있다. 한편 어느 유명한 시인은 '한 사람을 안다는 것은 그를 모른다는 말과 같다'고 SNS에 올린 적이 있다. 우리는 흔히 어떤 사람을 판단할 때 내가 기대하고 바라는 점에 비추어 그 사람을 바라보곤 하기 때문에, 그만큼 한 사람을 온전히 이해한다는 것이 불가능에 가깝다는 이야기일 것이다. 마찬가지로 학부모를 완벽하고 정확하게 이해하기는 현실적으로 어렵다. 다만, 고정관념이나 편견, 나의 기대나 바람 없이 그 사람 자체로서의 존재를 그대로 인정하고 받아들이는 자세가 소통과 이해의 출발점이 될 것이다.

감정과 이성의 불균형

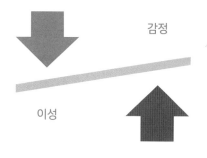

사람은 누구나 이성과 감정을 지니고 있다. 때로 우리는 이성과 감정을 대립적인 것으로 생각해서 어느 한쪽으로 치우치는 것이 나쁘다고 생각하지만, 왼쪽 그림처럼 특정 상황에서 이성과 감정은 시소처럼 움직이며 긍정적으로 상호작용할 수 있다.

이성보다 감정이 더 크게 작용해서 용기를 내거나 도전할 때도 있고, 감정보다 이성이 더 크게 작용해서 실수 없이 일을 실행하고 계획한 결과를 이루게 되기도 한다. 그렇지만 학부모와의 소통에 있어서는 감정과 이성이 균형을 이루도록 하는 것이 중요하다. 이성에 치우친 소통은 학부모로 하여금 서운함이나 속상함을 느끼게 해서 자칫 사무적이거나 무미건조한 관계를 형성할 수도 있다. 반면 감정에 치우친 소통은 친밀한 데도 공허하고 지치는 관계를 만들 수 있고, 반대로 서로에 대한 부정적인 감정이 격하게 부딪힐 때는 관계가 깨질 위험성도 있다. 유아의 성장을 위한 동반자로 학부모와 소통하는 교사라면, 자신의 감정과 이성을 잘 살펴 균형 감각을 갖출 수 있도록 꾸준히 훈련해야 한다.

학부모와 협력적 관계 맺기는 '어떻게 소통하는가'로부터 시작된다. 교사의 내면을 살펴본 후 어떤 편견, 신념, 감정들이 있는지 되돌아보고, 이런 점들이 학부모와의 소통에 어떤 영향을 미치는지 떠올려 보자. 이것이 바로 자신의 내면을 되돌아보는 것이다. 하나하나 점검하다 잠시 멈추게 되는 지점이 있다면, 그 지점이 바로 의미 있는 관계 형성의 출발점이 될 것이다.

일상적 소통의 어려움

앞서 학부모와 교사의 소통을 가로막는 교사 내면의 문제에 대해 알아보았다. 그러나 일방일 수 없는 쌍방으로 이루어지는 소통이기에, 교사 내면의 문제가 아닌 외부의 문제가 소통을 가로막기도 한다. 특히 학부모마다 성향과 기질, 양육 태도가 모두 다르기 때문에 소통에 어려움을 겪을 수도 있다. 물론 교사는 역지사지의 마음으로 '내가 만약 학부모님의 입장이라면?'이라고 자문하면서 학부모의 입장에서 생각하려고 노력하지만, 어린 자녀와 정서적 탯줄을 이어 가고 있는 학부모의 입장에서는 자녀의 일을 자신의 일로 간주하며 감정적으로 대응하고 소통을 어렵게 만들기도 한다. 유치원 교사는 유아의 연령 및 발달의 특징상 학부모와 일상적으로 소통하는 경우가 대다수이다. 일상에서 교사가 학부모와 소통할 때 겪을 수 있는 어려움과 그 원인에 대해 몇 가지 사례를 통해 알아보고, '속마음 들여다보기-교사와 학부모의 공통분모 찾기-해결 전략'의 단계로 원활한 소통을 위한 간략한 솔루션을 살펴보자.

유아의 행동 특성을 인정하지 못하는 학부모

윤규는 친구와 잘 놀다가도 자신의 뜻대로 되지 않으면 장난감을 던지거나 소리를 지른다. 또 친구들이 블록으로 만든 것을 이유 없이 부수거나 친구를 괜히 툭툭 건드리기도 한다. 이러한 행동에 대해 오교사가 윤규 어머니에게 말씀드리자 어머니는 몇 초간 침묵하더니, "네, 선생님! 윤규에게 잘 말해 볼게요. 그런데 윤규가 집에서는 그렇게 행동하지 않아요. 동생하고도 사이좋게 잘 지내거든요."라며 침울한 목소리로 말한다. 오교사는 가정과 유치원의 생활은 다르기 때문에 아이가 다른 모습을 보일 수도 있다고 이야기한 다음, 윤규가 유치원에서도 친구들과 잘 지낼 수 있도록 도와주겠다고 말하며 서둘러 전화를 끊는다.

학급을 운영하면서 유아들의 행동 특성을 관찰하다 보면 학부모와 이야기를 나누어야 할 때가 있다. 유치원에서 보이는 유아의 지속적인 행동 특성에 대해 학부모에게 이야기할 때, 학부모가 그것을 무조건 부정적인 의미로 받아들여 인정하지 않는 경우 교사 입장에서는 난감할 때가 있다. 그럴 땐 학부모가 교사를 신뢰하지 않는 것 같아 속상한 마음도 든다. 이러한 상황이 반복되다 보면 교사는 학부모가 듣기 좋은 말만 하게 되고, 정작 소통으로 함께 풀어 나가야 할 것에 대해 막히는 일이 생긴다. 이 학부모와의 소통은 무엇이 문제였을까? 과연 학부모의 속마음은 무엇이었을까?

교사의 속마음

'윤규가 잘 성장하길 바라는 마음에서 이야기한 건데 왜 안 들으려고 하시지?'
'윤규는 집에서도 동생하고 싸워서 종종 혼난다고 하던데, 왜 어머님의 이야기는 다르지?'
'통화할 때마다 퉁명스럽게 말씀하셔서 참 불편해.'
'가정과 유치원 생활이 다를 수도 있는데, 자녀에 대해 너무 모르고 계시는 것 아닐까?'

학부모의 속마음

'우리 아이는 칭찬할 점이 없나? 전화할 때마다 아이의 부족한 점만 얘기하시네.'
'선생님 말을 들어 보면 옳은 말이긴 한데, 계속 듣다 보면 왠지 기분이 나빠져! 꼭 내가 아이를 잘못 가르쳤다고 지적당하는 것만 같아.'
'아이 얘기를 들어 보면 그런 행동을 하는 데는 이유가 있던데, 우리 아이만 나무라는 것 같아!'

　　누구나 상대방이 불편한 감정 섞인 목소리로 말을 하면 그 사람과 더는 대화를 이어 가고 싶지 않을 것이다. 소통의 어려움이 있을 때 나의 불편한 감정을 있는 그대로 써 본 다음 상대방의 감정을 생각해 보자. 각각의 감정의 기류를 살펴본 후 나와 상대방이 원하는 것을 찾아본다면, 좀 더 상대방의 입장에 다가갈 수 있을 것이다. 이러한 노력은 서로가 지향하는 공통분모를 찾게 되고, 나아가 감정과 사건을 분리하여 생각하게끔 한다. 교사가 원하는 것과 학부모가 원하는 것들을 써 보고, 둘의 공통분모를 찾아보자.

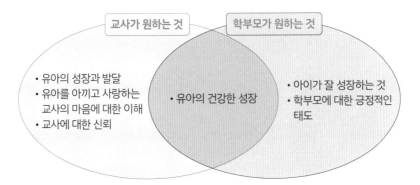

사람은 누구나 장점과 단점이 있다. 그러나 이제 막 성장하기 시작 하는 과정에 있는 유아의 단점을 섣불리 말하기는 어렵다. 유아에 대 한 교사의 이야기를 아이의 부족함을 지적하는 것으로 받아들이는 학 부모의 경우, 자녀를 잘못 키웠다는 죄책감을 가질 수도 있다. 따라서 교사는 학부모와 소통하는 과정에서 유아의 부족한 점이나 단점이 아 닌, 성장하고 있는 유아를 도와주어야 할 부분으로 안내하며 이야기 나누는 것이 좋다.

학부모와 이야기를 나누기 전에, 유아의 부정적인 행동을 전했을 때 의 학부모 감정을 미리 헤아려 보자. '내가 학부모라면 어떤 기분이 들 까?' 그리고 공감의 언어로 시작해 보자.

바로 본론으로 들어가기보다는, 먼저 유아의 일상으로 이야기를 시 작하면서 평상시 교사가 유아를 아끼고 사랑하고 있다는 점을 분명히

한 후 상황에 대한 이야기를 풀어 나간다. 그럼 학부모도 '선생님께서 우리 아이를 많이 아끼고 걱정하는 마음에서 이야기하시는구나.'라고 생각할 것이다.

또한 이야기 중간에 평상시 유치원에서 유아가 노력하는 점, 격려해 준 점, 자랑거리 등 유아의 긍정적인 부분에 관한 에피소드도 들려 주면서, 부모와의 긍정적인 관계 형성이 이루어지도록 노력한다.

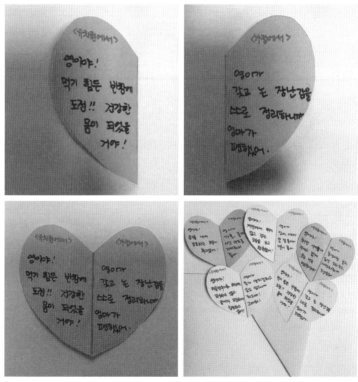

▲하트 퍼즐 칭찬 편지 하트 모양의 종이에 반쪽은 가정, 반쪽은 유치원으로 나눈 다음 유치원에서 유아가 노력한 점이나 칭찬해야 할 점을 적어서 보내면 나머지 반쪽은 가정에서 적어 오도록 한다. 하트 퍼즐 편지가 5장이 되면 종이에 붙이거나 꽃다발로 만들어 가정에 보낸다.

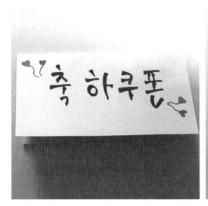
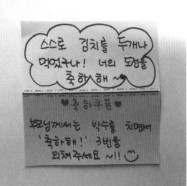
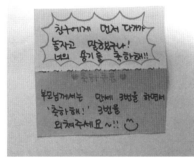

▲축하 쿠폰 유아와 함께 지켜야 할 약속을 한 가지 정한 후, 유아가 약속을 지키려고 노력하거나 지키면 축하 쿠폰을 만들어 가정으로 보낸다. 가족이 함께 모여 유아를 축하해 주도록 한다.

유치원에서 유아와 관련된 문제 상황이 발생했을 때, 교사가 어떻게 해결했는지를 학부모에게 구체적으로 공유하는 것이 좋다. 그럼 학부모는 교사의 이야기를 통해 가정에서 해야 할 부분을 생각하게 되고, 교사의 지도 방법을 모델링하여 좀 더 긍정적으로 해결해 보려고 노력할 것이다.

> "부모와 교사의 손을 맞잡고
>
> 한마음으로 한걸음 한걸음 나아가면
>
> 유아는 부모와 교사의 울타리에서 아름다운 꿈을 꾼다."

유아가 다쳤을 때 지나치게 민감하게 반응하는 학부모

주철이는 영민이와 블록쌓기 놀이를 하다가 긴 블록이 필요해서 자리에서 일어나 교구장으로 가던 중 친구 발에 걸려 넘어졌다. 김교사가 이 상황을 보고 재빨리 달려갔지만 이미 주철이 입술에 피가 약간 나 있었으며, 주철이는 놀랐는지 울음을 터트렸다. 주철이를 달랜 후 또 다친 데가 있는지 살펴보았다. 다행히 더 다친 데가 없어서 김교사는 안도의 한숨을 내쉬었다. 귀가 지도 후 주철이 어머니에게 전화를 드리자 "어머, 우리 주철이가 많이 놀랐겠네요! 우리 주철이 많이 다쳤나요?"라며 상기된 목소리로 말하였다. 주철이가 경미하게 다쳤음을 차분하게 안내했지만, 어머니는 아이가 다쳤다는 사실에 크게 흥분하며 "선생님! 우리 주철이는 겁이 많고 몸도 허약해서 제가 걱정이 많아요! 선생님께서 좀 더 신경을 써 주셨어야죠."라고 민감하게 반응하였다.

유아들이 교육기관에서 다치지 않고 안전하게 생활하는 것은 교사와 학부모 모두의 공통된 바람일 것이다. 그러나 이 시기 유아들의 특성상 안전사고가 빈번하게 발생한다. 이러한 상황이 발생했을 때 "아이들이 생활하다 보면 그럴 수 있죠.", "우리 아이가 너무 활동적이라서 가만히 있질 못하네요." 등 유아들의 특성을 이해하며 반응하는 학부모가 있는가 하면, 자녀가 상처를 입었다는 이유만으로 극도의 민감

한 반응을 보이거나 무조건 교사의 부주의로 원인을 돌리는 학부모도
있다. 한 명의 교사가 여러 명의 아이를 동시에 완벽하게 돌보는 데에
는 분명 한계가 있음에도 불구하고, 늘 최선을 다하는 교사 입장에서
는 모든 문제 발생의 원인을 교사에게 돌리는 학부모에게 야속한 마음
이 들 수도 있다. 이러한 감정이 들 때 깊게 숨을 세 번 들이쉬었다 내
쉬며 스스로의 감정을 가다듬자. 그리고 부모에게 자녀는 온 우주이며,
삶의 중심축이라는 사실을 다시 한 번 떠올려 보자.

교사의 속마음

'나도 처음에는 많이 놀랐는데, 학부모님도 얼마나 놀라
고 걱정이 되실까?'
'나도 최선을 다하고 있는데 왜 내 맘을 몰라 주시지?'
'유아들이 놀다 보면 그럴 수도 있는데……'
'또 다칠까 봐 걱정돼서 활동적인 놀이는 못하겠어.'

학부모의 속마음

'우리 집 귀한 아이라 잘못될까 봐 매일 걱정이야.'
'우리 아이가 너무 허약해서 교육기관에 보내도 마음이
놓이지 않는데, 다쳤다는 연락을 받으니 하늘이 무너지
는 느낌이 들어!'
'선생님이 우리 아이에게 신경을 안 쓰시는 것 같아.'
'지난번에도 다쳤는데 이번에도 또 다쳤네! 이 교육기관
을 신뢰할 수가 없어.'

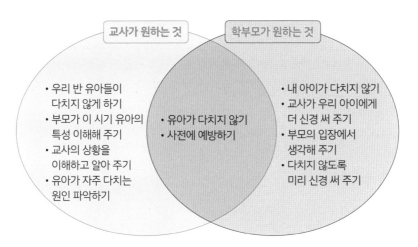

결국 교사와 학부모 누구도 아이가 다치는 것을 바라지 않는다. 교사는 학부모들에게 이 시기 유아들은 위험한 상황을 예지하는 능력 및 공간지각능력이 부족하여 다칠 수 있다는 것을 사전에 미리 충분히 이해시키고, 이에 대비한 적절한 지도 방법을 구체적으로 안내한다.

또한 교사는 특히 병력이 있거나 허약한 유아의 컨디션이나 심리 상태를 평소에 주의 깊게 관찰하고, 유아가 표정이나 몸짓언어로 보내는 신호를 알아차려 신속하게 대처해야 한다.

평소에 자주 다치거나 위험한 행동을 하는 유아의 경우는 더욱 면밀하게 관찰하고, 사전에 예방할 수 있는 방법을 모색하여 지도한다.

손아, 참아!

유아들이 자신의 감정을 조절하지 못하여 때리거나 미는 등 위험한 행동을 할 때 유아들에게 "○○야, 네가 화가 나서 친구를 때리고 싶을 때.

'하나! 둘! 셋!'하고 마음속으로 센 다음, '손아, 참아!'라고 말해 보자. 그럼, 화가 났던 마음도 점차 사라지게 될 거야. 화가 사라지면 너의 화난 마음을 말로 표현해 보자!"와 같이 이야기하여 유아 스스로 자신의 화를 조절할 수 있도록 한다.

두 눈 망원경 놀이

유아들이 어떠한 놀이나 활동을 하기 전에 위험한 물건이나 장소를 사전에 발견할 수 있도록 살펴보는 놀이이다. 양손을 동그랗게 하여 눈 앞에 갖다 댄 후, "두 눈 망원경! 두 눈 망원경! 위험한 곳을 찾자!", "두 눈 망원경! 두 눈 망원경! 안전하게 놀자!"를 외치면서 위험한 물건이나 장소가 있는지 살펴본다.

화 푸는 방 만들기

화가 난 마음을 긍정적으로 표현해 볼 수 있도록 유아들과 의논하여 상자를 활용해 화 푸는 방을 만든다. 화 푸는 방에 놓고 싶은 것들을 꾸민 다음, 화가 났을 때 화 푸는 방에 가서 노래 부르기, 권투하기, 거울 보면서 웃어 보기, 인형 친구에게 화난 마음 말하기 등 다양한 방법으로 자신의 화를 표현하도록 한다.

▲ '화 푸는 방'(유아가 들어갈 수 있는 크기의 상자) 예시

  활동적인 유아는 행동반경이 크고 모험심이 강하여 위험한 행동을 할 수 있으므로 위험한 상황과 그렇지 않은 상황을 구분할 수 있도록 지도한다. 노력하는 모습을 보이면 구체적으로 칭찬하고 격려한다.

  유아는 자아중심성이 강하고 자신의 생각과 느낌을 언어로 정확히 표현하기 어려우므로, 친구와 갈등이 생겼을 때 때리거나 꼬집는 등의 외현적 공격성을 보일 때가 있다. 교사는 유아가 자신의 감정을 말로 표현하도록 다양한 방법을 제안하며 지속적으로 지도한다.

"유아들은 자신도 모르게 넘어지면서

안전하게 살아가는 배움을 얻게 되고

친구와 다투면서

다른 사람과 함께 살아가는 법을 알게 된다."

아이의 말만 믿고 판단하는 학부모

어느 날 영희 어머니로부터 전화가 왔다. "선생님, 민수가 자꾸 때려서 영희가 유치원에 가기 싫대요. 그리고 민수가 영희한테 자꾸 화내면서 째려본다고 하는데 민수는 우리 영희한테 왜 자꾸 그런 행동을 하나요?"라며 다소 격앙된 목소리로 따지듯 말씀하신다. 사실 민수가 영희를 때렸다고 하는 것은, 민수가 놀이하다가 실수로 영희 팔을 손으로 툭 쳤는데, 영희는 민수가 자신을 때렸다고 생각한 것이다. 그리고 평상시 기분이 좋으면 목소리가 커지고, 친구들의 놀이하는 모습을 잘 쳐다보는 민수의 행동을 영희는 화내고 째려보는 것으로 생각한 것이다.

유아들은 유치원에서 있었던 일들을 하나하나 부모에게 전달하기도 한다. 그런데 종종 어떤 상황을 상상해서 말하거나, 친구와 있었던 일을 자신의 입장에서 판단하여 사실과 다소 다르게 전달하는 경우가 있다. 아이의 말을 전해 들은 학부모 중에는 '무슨 일인지 선생님께 여쭤봐야겠어.'라고 생각하고 일단 교사의 이야기를 들어 보려는 학부모도 있지만, 아이의 말을 그대로 믿고 자신의 감정을 앞세워 흥분하며 교사에게 항의를 하는 학부모도 있다. 이런 상황에서 학부모와 교사의 차분한 소통이 이루어지기는 쉽지 않다. 이때, 여과 없이 감정을 드러내는 학부모에게 교사도 서운한 마음이 들 수 있다. 하지만, 부모로서 느꼈을 감정을 먼저 공감해 준 후에 유아의 유치원 생활에 대해 구체적으로 이야기 나누면서, 이 시기 유아의 특성에 대한 안내를 하는 것이 좋다.

이 시기 유아의 특성에 대해 자세히 안내하면서 유아들이 보이는 행동 그 자체로 잘잘못을 판단하기보다는, 이 시기의 유아가 보일 수 있는 자연스러운 행동임을 이해시킨다. 또한 유아들은 과정보다는 결과로, 자기중심적으로 판단하는 경향이 있다는 것을 안내하고, 실제 일

'자녀의 말만 믿고 성급하게 판단하시는구나!'
'이 시기의 유아들은 현실과 상상을 혼돈하는 경향이 있는데.'
'일단 어떻게 된 상황인지 먼저 물어봐 주셨으면······.'
'무조건 다른 아이와 교사를 탓하시니 정말 속상하네!'

교사의 속마음

'어떻게 다른 아이가 내 아이를 때릴 수 있지?'
'우리 아이는 거짓말을 할 아이가 아니지.'
'혹시 다른 아이들도 내 아이를 괴롭히고 있는 것 아닐까?'
'선생님이 아이들을 잘 지도하고 계시는 걸까?'

학부모의 속마음

교사가 원하는 것 | 학부모가 원하는 것

• 섣불리 판단하지 않기
• 교사를 믿어 주기
• 유아의 말만 믿지 않기
• 유아의 특성 이해하기

• 친구들과 원만한 관계
• 아이는 사랑받을 존재

• 아이가 모든 사람에게 존중받기
• 교사가 내 아이에게 관심을 갖고 더 면밀하게 살펴봐 주기

어난 일과 그때의 상황에 대해 찬찬히 이야기한다. 유치원에서 친구와 신체적으로 마찰이 생겼을 때, 친구가 일부러 하는 행동과 실수로 모르고 한 행동을 아이가 구분할 수 있도록 도와주어야 한다는 것을 학부모에게 안내한다.

학부모의 격앙된 말투와 목소리에 교사는 당황스럽고 속이 상하겠지만, 차가운 말투와 화가 난 목소리에 집중하기보다는 그 뒤에 숨은 학부모의 마음에 집중하여, 자녀를 생각하는 부모의 입장을 한 번 더 헤아려 보자.

그리고 추후에 편지나 전화를 통해 유아의 변화 모습에 대해 지속적으로 이야기를 나눈다. 유아들 사이에서 일어나는 갈등은 누가 잘못했다기보다는 유아마다의 성향이나 기질이 다른 이유로 발생하는 경우가 대부분이다. 따라서 학부모 입장에서도 이러한 유아의 특성을 이해하는 것이 우선임을 안내한다. 자아중심성이 강한 유아들은 타인의 입장에서 생각하는 것이 어려우므로, 아이가 유치원에서 속상한 일을 겪었을 때에는 언제든 교사와 상의해 줄 것과 선생님에게도 속상한 마음을 직접 이야기하도록 학부모에게 부탁한다.

"부모와 유아는 정서적 탯줄로 연결된 사이다.
교사는 그 유아의 부모가 될 수는 없지만
부모와 같은 마음으로 유아를 바라볼 수 있다."

아이가 어리다는 이유로 지나친 부탁을 하는 학부모

철수는 5세이다. 철수는 어머니와 함께 걸어서 유치원에 등원한다. 박교사는 웃으며 철수와 철수 어머니에게 인사를 한다. 철수 어머니는 신발장에서 실내화를 꺼내 철수 앞에 놓아 준다. 철수가 실내화로 갈아 신는 것을 힘들어 하자 철수 어머니는 팔짱을 낀 채 박교사에게 말한다.
"선생님, 철수가 실내화 신기 힘들어 하네요. 선생님께서 좀 도와주시죠?"

철수는 점심 식사 후 양치질을 할 때, 협응이 잘 안 되어서 옷에 치약 거품을 자주 묻힌다. 교사가 닦아 주긴 하지만 물기가 마르고 치약 거품 자국이 옷에 흐리게 남는 경우가 있다. 철수 어머니는 박교사에게 전화해서 항의하듯 말한다.
"왜 자꾸 아이가 옷에 치약 거품을 묻히고 오나요? 아이가 양치할 때마다 선생님이 계속 옆에서 도와주셔야죠."

한 사람의 인생을 놓고 볼 때 3~5세는 분명 어린 나이이다. 하지만 이 시기는 기본적생활습관을 기르고 인성의 기초를 다지며, 사회성을 형성하는 아주 중요한 시기이기도 하다. 특히 유아들은 배움의 잠재성을 가지고 있어 스스로 하길 원하며, 자신이 선택한 것을 완성하는 가운데 만족감을 느껴 능동성과 주도성을 기를 수 있다. 하지만 자신의 아이가 마냥 미숙하고 어리게만 느껴지는 학부모 입장에서는 걱정이 많다. 걱정이 지나친 나머지 아이의 일거수일투족을 교사에게 부탁하는 학부모를 만날 경우, 교사 입장에서는 학부모의 입장을 이해하면서도 한편으로는 답답함을 느낄 수 있다. 이러한 답답함은 소통을 막는 또 하나의 보이지 않는 벽이 된다.

교사의 속마음

'7살(5세)인데 혼자 실내화도 못 갈아 신는 게 이해 안 돼.'
'아이가 힘들어 할 때 도와줄 수 있지. 하지만 매번 도와
주기만 하면 이 아이는 언제 스스로 할 수 있게 될까?'
'나는 아이의 보모가 아닌데……'
'초등학교에 입학하면 아이가 적응할 수 있을까?'
'당장은 미숙하더라도 기다려 주면 아이 스스로 할 수 있
을 텐데, '괜찮아!'라고 말하면 용기를 내어 더 잘할 수
있을 텐데.'

학부모의 속마음

'하나밖에 없는 귀한 내 아이야.'
'7살이면 너무 어리잖아. 어른들이 도와줘야지.'
'선생님이 아이들을 세심하게 돌봐야 하는 건 당연한 거
아니야?'
'아이가 초등학교에 들어가면 스스로 하게 되겠지. 그 전
에는 어른들이 도와줘야지!'

	교사가 원하는 것	학부모가 원하는 것

• 아이가 스스로
  할 수 있는 기회 주기
• 가정과 연계해서
  함께 도와주기
	• 아이가 힘들어 할 때
	  도와주기
	• 아이도 하나의 인격체
		• 아이가 힘들어 할 때
		  무조건 교사가 도와주기
		• 내 아이에게 더
		  신경 써 주기
		• 내 아이가 불편함을
		  느끼지 않도록
		  도와주기

부모에게 자녀는 무엇과도 바꿀 수 없는 소중한 존재이다. 계속 강
조하듯이, 교사는 자녀를 아끼는 부모의 입장에서 생각하고 그 마음에
공감하도록 노력하는 것이 우선이다. 교사에게 사소한 것까지 하나하

나 부탁을 하는 학부모의 본마음을 들여다보자.

몇몇 학부모들은 아이가 아직 어려서, 외동이라 귀해서, 안쓰러워서 등등의 이유로 유아가 스스로 해야 할 일이나 할 수 있는 일들을 대신 해 주거나 무조건 도와주려고 한다. 교사는 아이를 아끼고 사랑하는 학부모의 마음에 공감해 주면서, 학부모에게 자율성과 주도성, 자존감이 발달하는 유아기에는 어떤 일을 할 때 서툴고 실수하더라도 아이 스스로 할 수 있는 기회를 주어야 함을 안내한다. 아이가 어떤 일을 스스로 할 수 있는 기회를 놓치면 새로운 일을 맞닥뜨렸을 때 두려워하며 다른 사람에게 의존할 수 있다는 것, 아이가 자신의 일을 스스로 해 보는 과정에서 다양한 시행착오를 경험하며 성장해 나간다는 것을 학부모가 충분히 이해할 수 있도록 한다. '스스로 옷 입기, 양치하기, 신발 신기, 가방 정리하기' 등 이 시기의 유아가 꼭 경험해야 할 내용들을 학부모에게 구체적으로 안내한다.

교사는 학부모가 유아를 양육하는 모습에서 잘하는 점을 응원하고, 자녀의 더 나은 성장을 위해 부모로서 해 줄 수 있는 것들에 대해 조심스레 조언할 수 있다. '가정과 유치원'이라는 공간은 이질적이고 연속적이지 못하다. 따라서 교사는 유아의 혼란을 최소화할 수 있도록 가정과 유치원이 연계할 수 있는 방법을 학부모와 함께 의논한다. 유치원에서 유아가 스스로 할 수 있는 일들에 대해 교사가 지도한 내용을 학부모에게 지속적으로 피드백하는 것이 좋다.

> "교사의 객관적인 '눈'과
> 부모의 우주 같은 '마음'을 갖고 유아를 바라본다면,
> 학부모와의 소통의 문은 활짝 열릴 것이다."

교사의 무심한 태도에 서운함을 느끼는 학부모

민수는 타 지역에서 이사 온 3세의 유아다. 어머니가 직장을 다니셔서 전화 상담만 한 후, 유치원에 입학했다. 어느 날 민수 어머니가 민수를 유치원에 데려다 주면서 유치원을 처음 방문하게 되었다. 민수 어머니는 신발장에서 민수 실내화를 계속 찾고 있는데 실내화가 보이지 않았다. 회사에 늦을까 마음이 조급해진 민수 어머니는 신발장 옆의 다른 어머니와 이야기를 나누고 있던 교사에게 "선생님, 저희 아이 실내화가 안 보이는데요."라고 말했다. 교사는 "어? 거기 있을 텐데, 어머니께서 다시 한 번 찾아보시겠어요?"라며 다른 어머니와 계속 대화를 이어 나갔고, 민수 어머니는 표정이 점점 굳어졌다.

어느 날 민수 어머니가 담임선생님과 이야기를 나누기 위해 유치원을 방문했다. 때마침 하원 시간이라 교사와 아이들 모두 분주하다. 민수 어머니는 입구에서 한참 서성이다가 아이들 하원 준비를 하는 교사에게 다가가 "선생님, 햇살반 선생님 좀 불러 주세요."라며 말을 건넸다. 한참 후 아이들을 하원시킨 후에나 현관 입구로 나온 햇살반 선생님은 "민수 어머님, 어서 오세요!"라고 인사하며 맞이했다. 민수 어머니는 "선생님들이 많이 바쁘신 건지, 학부모에게는 별 관심이 없으신 건지 좀 그렇네요."라며 불편함을 드러냈다.

교사는 자신이 일하고 있는 교육기관과 그 일상에 익숙하지만, 유아를 처음 교육기관에 보내는 학부모는 모든 것이 낯설 수 있다. 학부모 입장에서는 전적으로 믿고 아이를 보내는 유치원이고 선생님이기에,

좀 더 친밀해지기를 원하고 환대받기를 바랄 수도 있다. 그래서 교사의 태도가 사무적이거나 무심하게 느껴진다면, 서운함을 넘어서 아이를 이 교육기관에 보내는 것이 맞는지까지 고민하게 된다.

등·하원 시간은 유치원 교사들에게 가장 바쁜 시간이다. 유아들 줄 세우기, 전화 받기, 통학 버스에 유아들 승·하차 시키기, 도보로 하원 하는 유아들을 학부모에게 인계하기 등 짧은 시간에 해야 할 일이 많 다. 그런데 학부모들은 자연스럽게 교사를 만날 수 있는 등·하원 시간 에 아이에 대한 이야기를 나누거나 평소 궁금했던 것을 묻는 경우가 많다. 학부모와 이야기를 나누기에는 짧은 시간이기도 하고, 무엇보다 유아들이 안전하게 등·하원해야 하는 시간이므로, 교사가 무심한 것 이 아니라 교육활동을 우선시하는 것임을 학부모에게 사전에 안내하 여 불필요한 오해를 줄이는 것이 좋다.

'유아들 챙기는 게 우선이지, 바쁘면 인사 못할 수 있지.'
'지금 다른 학부모랑 한참 이야기 나누던 중인데…… 민수 어머님이 실내화를 찾고 계시네! 어떡하지?'
'나는 민수의 담임교사가 아닌데 왜 이렇게 반응하시지?'
'교사도 처음 만나는 학부모가 낯선 건 마찬가지인데.'

교사의 속마음

'선생님들이 다 바빠 보이셔서 말도 못 걸겠어.'
'아침에 출근하느라 바쁘고 차도 길에 세워 놔서 불안한데, 선생님께서 우리 아이 실내화를 같이 좀 찾아 주셨으면 좋겠는데.'
'여기 선생님들은 불친절해. 전에 다녔던 유치원 선생님들이 그리워.'

학부모의 속마음

교사가 원하는 것

학부모가 원하는 것

• 분주한 상황을 학부모가 이해해 주기
• 교사도 학부모가 낯설 수 있음을 이해 받기

• 교사와 학부모와의 신뢰가 중요함
• 서로의 입장을 이해하기

• 담임이 아니어도 학부모를 친절하게 맞이해 주기
• 학부모에게 다가와 주고 신경 써 주기

　등·하원 시간에 용무가 있는 학부모의 이야기를 교사가 간단하게 들어줄 수도 있지만, 이야기가 길어질 경우에는 양해를 구하고 전화 상담이나 다른 날짜로 대면 상담을 정하는 것이 좋다.

우리 반 학부모가 아니더라도 교육기관을 방문한 학부모들을 밝은 표정, 미소, 인사하기 등 다양한 방식으로 반갑게 맞이하는 태도는 학부모의 마음을 열고 신뢰를 주는 출발점이 될 수 있을 것이다.

유아의 손을 잡고 온 학부모가 교육기관의 문을 열었을 때 교사가 먼저 "안녕하세요? 좋은 아침입니다.", "오늘도 좋은 하루 보내세요!" 등 간단한 덕담을 건넨다면 학부모들도 좀 더 가볍게 발걸음을 옮길 수 있을 것이다. 짧은 시간일지라도 학부모의 언어적, 비언어적 신호들을 살펴 수용 가능한 요구 사항들을 반영할 수 있도록 노력해 보자.

"표정, 끄덕임, 눈빛도 또 하나의 소통 수단이다.

교사와 학부모가 서로에게 긍정의 마음으로 표현한다면

존중받는 느낌은 자연스럽게 따라올 것이다."

정기적 상담에서 소통의 어려움

유아에 대한 정보 공유뿐 아니라 유아의 지속적인 성장을 위해, 유아교육기관에서는 가정과의 연계를 위한 정기적인 상담을 실시한다.

'평소 말씀이 별로 없으신 학부모님인데, 상담을 어떻게 진행하면 좋을까?', '예상치 못한 질문을 받으면 어떡하지?' 등 많은 교사들은 상담에 앞서 여러 가지 생각을 한다. 이는 학부모도 마찬가지이다. '우리 아이가 유치원 생활을 잘하고 있을까?', '선생님께서 아이에 대해 잘 파악하고 계실까?' 등 교사와 학부모 모두 상담에 앞서 기대감과 긴장감이 교차한다. 사실 많은 우려나 걱정과 달리 막상 상담을 진행해 보면, 상담은 교사나 학부모 모두 아이에 대해 좀 더 잘 알 수 있는 기회가 될 뿐 아니라, 교육활동에 도움이 될 구체적인 방법까지도 찾을 수 있는 매우 유익한 시간임을 알게 된다. 그러나 간혹 예상치 못한 상황으로 적절히 대응하지 못하여 소통이 제대로 이루어지지 못하면 마음의 장벽이 더욱 높아져 '불통'이 되어 버릴 수 있다. 정기적인 상담을 진행할 때 생길 수 있는 다양한 상황과 학부모의 반응에 따라 소통이 어려워지는 경우에 대해 몇 가지 사례 중심으로 살펴보자.

교사의 의견에 반응이 거의 없는 학부모

이교사는 평소에도 말수가 별로 없는 소연이 어머니와 상담할 생각을 하니, '상담 시간이 어색하고 불편하지 않을까?', '어떤 말들로 상담을 진행하면 좋을까?' 등 이런저런 걱정과 부담감이 앞선다. 드디어 소연이 어머니와 상담하는 날! 평소보다 훨씬 많이 웃고 소연이의 유치원 생활에 대해 자세하게 이야기하면서, 소연이에 대한 이런저런 질문을 해 보았지만 소연이 어머니는 시종일관 무표정으로 '네, 아니오, 좋아요.' 등 단답형으로만 대답할 뿐이다.

내향적인 성향을 지닌 학부모의 경우, 적극적으로 먼저 이런저런 이야기를 하기보다는 교사의 이야기를 듣는 것을 더욱 편하게 여기는 경향이 있기 때문에, 간단하게 대답하는 것에 그치기도 한다. 교사의 이야기를 듣기 위한 목적으로 온 학부모에게 교사가 자꾸 질문을 하면, 학부모는 오히려 부담을 느낄 수 있다. 말이 별로 없거나 교사의 말에 반응이 별로 없는 학부모라 하더라도, '학부모님이 하고 싶은 말씀을 마음으로 잘 듣겠다'고 이야기하는 재치를 보이면 학부모는 좀 더 편안하게 상담에 임할 수도 있을 것이다. 교사의 질문에 학부모가 "네.", "아니오."로만 답하며 무표정으로 일관하는 반응 자체에 크게 신경을 쓰기보다는, 가정에서의 유아에 대해 학부모가 자연스럽게 이야기를 꺼낼 수 있도록 교사가 유아의 유치원 생활을 에피소드 중심으로 먼저 이야기해 보자. 학부모가 더 이상 궁금한 사항이 없다고 하면, 상담 시간과 상관없이 자연스럽게 상담을 마무리한다.

더러 직장이나 개인적인 사정으로 자녀를 주말에만 만나거나, 함께 하는 시간이 많지 않을 경우에 유아의 가정생활에 대해 구체적으로 말하지 못하는 학부모도 있다. 이럴 경우에는 교사가 유아의 유치원 생활 모습을 식습관, 학습 태도, 참여의 적극성, 또래 관계 등 조목조목 구체적으로 이야기한다.

상담 후에는 작은 메모지나 편지지에 학부모와 상담한 소감을 적어서 보내는 세심함을 보인다면, 학부모는 관심을 가져 주는 교사에게 좀 더 마음을 열며 신뢰할 것이다. 일회성 상담으로 그치는 것이 아니라, 유아의 교육을 위해 지속적으로 다양한 방법을 모색하고 학부모와 소통하려고 노력한다는 느낌을 준다면, 학부모들도 좀 더 적극적으로 소통하려고 노력할 것이다.

상담 중에 표정이나 태도가 돌변하는 학부모

김교사는 민희 어머니와 줄곧 화기애애한 분위기로 철수의 장점과 생활 에피소드에 대해 이야기하고 있었다. 한참 이야기 나누던 중 어느 순간, 민희 어머니의 표정이 점점 굳어지기 시작하며, 분위기가 싸늘해졌다. 김교사는 '혹시 내가 무슨 실수를 한 걸까?' 하는 마음에, 머릿속으로 수많은 의문점을 떠올리면서 상담을 진행했다. 상담이 거의 마무리될 때쯤, 민희 어머니가 불편한 얼굴로 한마디한다.
"선생님, 민희가 왼손잡이인 걸 2학기가 될 때까지도 모르셨나 봐요."

좋은 분위기로 진행되던 상담이 어느 순간 교사의 의도와 다르게 경직된 분위기로 흐르는 경우가 있다. 이럴 때 교사는 당황하여 분위기를 전환하는 데에만 급급할 수 있는데, 그보다는 학부모의 급변한 표정이나 태도 속에 숨은 마음을 알아차리려고 노력하는 것이 좋다.

학부모가 표정이나 태도로 마음을 표현하는 것은 오히려 교사가 학부모의 마음을 알아차릴 수 있는 기회가 되므로, 긴장하기보다는 침착하게 대처해 나가자.

상담 중 어떤 지점에서 학부모의 표정이나 태도가 변했는지를 돌이켜보면서, 혹시나 오해가 생길 수 있는 부분에 대해 다시 차근차근 설명하거나, 유아의 긍정적인 면모에 대한 내용을 덧붙여 이야기해 보자. 그럼에도 불구하고 학부모가 계속 불편함을 느끼고 있다면 혹시 어떤 불편함이 있는지, 교사와 어떤 이야기를 나누고 싶은지를 솔직하고 정중하게 물어본다. 학부모가 불편한 부분을 이야기할 때 학부모 입장에서 공감해 주고, 오해가 된 부분은 잘 풀어서 학부모가 이해할 수 있도록 다시 한 번 안내한다.

교사의 말을 듣지 않고 자신의 말만 하는 학부모

이교사는 연수 어머니와의 상담이 살짝 부담스럽다. 정해진 상담 시간 동안 연수에 대해 나누고 싶은 이야기는 많지만 시간이 부족할까 봐 걱정이 된다. 역시나, 상담을 하면서 연수 어머니는 연수의 아주 사소한 부분까지도 매우 자세하게 이야기한다. 이교사는 미소를 잃지 않으며 반응했지만, 시간이 흐를수록 초조해진다. 중간중간 틈새를 공략해서 교사의 생각과 의견을 말해 보지만, 연수 어머니는 교사의 말을 듣기보다 자신이 알고 있는 육아 정보 등만 늘어놓는다. 결국 다음 상담 순서의 학부모가 오면서 상담이 마무리되었지만, 이교사의 마음은 씁쓸하다.

간혹 상담 중에 교사의 말을 끊거나 교사가 말할 틈도 없이 계속 자신의 말만 하는 학부모를 만나기도 한다. 아무리 자신의 말만 하는 학부모를 만난다 하더라도, 유아를 위한 상담 시간이므로 경청하는 태도를 유지하면서 교사로서 반드시 필요한 메시지는 전달하도록 한다.

말하는 것 자체를 좋아하는 학부모의 성향 때문일 수도 있으므로 사전에 학부모의 성향을 미리 파악해 두는 것도 좋다. 상대방의 말을 듣는 것보다 말하는 것을 더 좋아하는 성향의 학부모에게 교사는 되도록 핵심만 간결하게 전달할 수 있도록 한다.

단순히 말하는 것을 좋아하는 학부모가 있는가 하면, 교사보다 자신이 육아 경험이나 정보가 더 풍부하다고 생각해서 교사의 말을 듣기보다 더 많은 말을 하는 학부모도 있다. 사전에 유아에 대해 면밀하게 관찰하고 파악한 부분들에 대해 교사는 전문가로서 자신 있게 말하며, 담임교사로서의 역할이 흔들리지 않도록 한다.

상담과 관련 없는 이야기를 하는 학부모

박교사는 평소 지수의 아쉬운 부분에 대해 많은 고민을 하며 지수 어머니와 함께 더 좋은 방법들을 모색하고자 지수 어머니와의 상담 시간을 기다렸다. 지수 어머니와의 상담 시간, 박교사는 지수의 유치원 생활에 대해 이야기하면서, 아쉬운 부분들에 대한 이야기를 시작하려는데, 지수 어머니는 "제가 어렸을 때 그랬어요."라며, 자신의 어린 시절 이야기를 늘어놓기 시작했다. 초등학교 시절의 힘들었던 교우관계부터 중고등학교 시절, 결혼 생활과 남편과의 어려움, 현재 자신의 마음 등 자신에 대한 이야기만 한다.

정기적 상담 기간, 교사는 학부모와 유아에 대한 정보를 하나라도 더 나누고 싶은 마음이 크다. 그런데 간혹 "선생님께서 알아서 잘 가르쳐 주시니, 아무 걱정이 없어요."라고 말하면서, 상담 시간을 사담으로 채우는 학부모가 있다. 이때 교사는 학부모의 말을 마음대로 끊을 수도 없고 난감해질 수 있다. 처음에는 학부모의 이야기에 공감하며 듣다가 상담과 관련 없는 내용으로 흘러서 이야기가 길어질 경우에는 "그렇군요. 어머니께서 얼마나 속상하셨으면 저에게까지 이런 말씀을 하시겠어요. 그런데 오늘 ○○이가 유치원에서 했던 이야기가 재미있어서 좀 들려드리고 싶은데 괜찮으실까요?"와 같이 유아에 대한 이야기로 자연스레 화제를 돌려 다시 상담으로 돌아갈 수 있도록 중심을 잡는다. 학부모의 말에 반응하면서도 자연스레 유아의 생활을 이야기하며 상담 방향의 흐름을 잡는 것이 중요하다.

상담 시간이 사담으로 흐르지 않고 학부모가 유아에게 중점을 두어 말할 수 있도록, 처음부터 상담의 취지를 분명히 밝혀 두는 것도 좋다. 본래의 취지에 맞게 상담이 진행되지 못했을 경우에는 추후 전화나 메모 등을 활용해서라도 유아에 대한 정보를 나눈다.

유아에 대해 미처 파악하지 못한 부분을 질문하는 학부모

민채 어머니는 상담 의자에 앉자마자 수첩과 볼펜을 꺼내 평소 궁금했던 것을 하나씩 질문하며 수첩에 기록한다. 그러다가 "선생님, 민채가 유치원에서는 오른손으로 밥을 먹나요?"라고 물어본다. 1학기 상담 시에는 왼손잡이인 민채가 어느 손을 쓰든 상관없다고 해서, 김교사는 최근 민채가 오른손을 쓰는지는 자세히 관찰하지 못했다. 이어 "민채가 요즘 집에서는 오른손으로 밥을 먹는데, 선생님께서 알려 주셔서 그런 것 같아요."라는 민채 어머니의 말에, 김교사는 당황스러웠던 마음을 숨기고 웃으며 자연스레 상담을 이어 갔다. 민채 어머니는 "민채가 집에서 제 뜻대로 안 되면 언니에게 소리 지르고 울고 짜증 내고 게임에서 지면 이길 때까지 계속하자고 괴롭히는데, 이럴 땐 어떡하죠?"라고 질문하는데, 평소 유치원에서 민채의 그런 모습을 한 번도 본 적 없던 김교사는 순간적으로 말문이 막혔다.

이런 상황이 발생했을 때 교사는 당황하여 표정이 바뀌거나 머뭇거리 수 있다. 이러한 교사의 반응에 학부모는 평소 자신의 아이에게 교사가 관심을 가지지 않는다고 오해하거나 담임교사를 불신하게 될 수 있으므로, 교사는 예상치 못한 질문에도 당황하거나 긴장하지 않고 신속하게 판단하여 대응하는 것이 필요하다.

마음속으로는 당황스럽더라도 최대한 자연스럽게 "집에서는 아이가 어떤 모습을 보이나요?"와 같이 학부모가 한 질문을 반복하여 되질문하면서, 학부모가 대답하는 동안 유아의 생활을 떠올리며 무엇을 말하고자 하는지 학부모의 의도를 파악해 본다. 역으로 질문하기 어려운 내용일 경우, "저도 그 이야기를 하고 싶은데 오늘은 상담 시간이 정해져 있고, 다음 학부모님께서 기다리고 계시니 따로 자리를 마련하여 이야기를 나눠 보시면 어떨까요?"라고 하거나, "이 부분은 저도 함께 이야기 나누고 싶은데, 이야기가 길어질 수도 있으니 따로 시간을 내어 별도로 이야기하시면 어떨까요?" 등 따로 상담 시간을 확보하는 것이 좋다.

학부모가 유아에 대한 특별한 관찰을 요구하지만 유치원에서는 특별히 관찰된 사항이 아닌 경우에는 학부모에게 추후 더 관찰하여 말씀드리겠다고 한다.

상담 시간이 길어져 마무리가 되지 않을 때

이야기가 반복되거나 주제와 관계 없는 대화로 상담 시간이 길어지는 경우, 교사가 먼저 상담을 마무리하는 말을 하기 부담스러울 수 있다. 그런데, 학부모 입장에서 생각해 보면 학부모가 나서서 상담을 마무리하는 것 역시 부담스러운 일일 수 있다. 따라서 상담이 정해진 시간보다 길어질 때는 다음과 같은 방법으로 자연스럽게 종료하는 것이 효과적이다.

① 지금까지 상담한 내용을 자연스럽게 요약·정리한다.
(방금 전의 학부모 이야기에 호응하며)"네, 학부모님. 이제 지금까지 이야기 나눈 것을 정리해 보려고 해요."

② 사담이 계속될 때는 교사가 직접적으로 상담의 주제를 언급한다.
(방금 전의 학부모 이야기에 호응하며)"네, 학부모님. 오늘 주제로 돌아가서 이야기를 계속하면……."

③ 학부모의 핵심 감정을 반영하며 상담 후에 해야 할 일을 언급한다.
"네, 학부모님. 이번 일로 뜻하지 않게 많이 놀라신 듯해요."와 같이 앞 상담 장면에서 언급했던 감정들 중 가장 핵심이 되는 감정을 반영하여 이야기하고, 상담 후 함께 체크할 일을 찾으며 마무리한다.

④ 상담 기록지를 가지런히 정리하는 비언어적인 메시지로 상담을 마무리한다.
상담 기록지나 필기구 등을 반듯하게 정리하면, 상대에게 종료의 시간이 되었음을 안내하는 비언어적인 메시지가 자연스레 전달된다. 대부분의 학부모도 상담을 마무리할 시간임을 알게 되는데, 이 방법을 활용할 때는 혹시 학부모가 갑작스레 인사하며 종료하려고 하더라도 천천히 인사를 나누며 마치도록 하는 방법을 추천한다. 급히 인사하며 상담을 마치면 학부모도 교사도 모두가 불편함을 느낄 수 있기 때문이다.

학부모 상담 전에
걱정과 불안이 느껴진다면

우리가 쓰는 감정 단어들을 목록으로 작성하여 그 차원을 분석한 결과, 감정 단어의 70%는 흔히들 말하는 '부정' 감정을 표현하고 있고, 나머지 30%가 '긍정' 감정을 표현하고 있다. 이런 현상은 다른 문화권에서도 비슷하다고 한다.

'자라 보고 놀란 가슴 솥뚜껑 보고 놀란다'는 속담처럼, 한 번 크게 놀라거나 무서웠던 기억은 더 섬세하게 기억되어 비슷한 상황만 봐도 자기 보호의 방어막이 작동된다.

누구에게나 자신을 보호하고 싶은 마음이 있다. 교사와 학부모의 관계에서도 예전 경험들 중 안 좋았던 기억들이 먼저 떠오르고 잘 잊혀지지 않는 것은, 스스로를 보호하기 위한 심리적인 방어가 잘 작동되고 있는 것으로 여기면 된다. 따라서 학부모 상담 주간이나 기타 학부모 민원의 상황에서 미리부터 걱정과 불안이 느껴진다면, 이미 자신의 마음은 무의식중에 대응할 준비를 끝냈다고 생각하고 이제 실제 행동이 필요한 것이라고 판단하면 된다. 불안함과 걱정이 생길 때는 그 문제 상황에 대비하여 미리 준비를 할수록 진정 효과가 생긴다. 학부모 상담 신청서나 사전 조사를 통하여 예상되는 문제들을 미리 고민해 보고 관련 자료들을 찾아 놓는 것도 효과적이다. 실제로 쓰지 않더라도 이런 준비 행동을 한다는 것 자체가 주는 자신감이나 당당함은 과도한 불안과 걱정을 기우로 바꾸는 힘이 있다. 설사, 돌발적인 상황이 닥치더라도 바른 방향으로 직관적인 대응을 할 수 있는 심리적 여유를 제공해 준다.

무엇인가 걱정이 될 때는 차분히 준비를 시작하자. 그렇다면 걱정의 크기만큼 자신감이 들어설 것이다.

* 감정 단어 관련 참고 문헌 : 박인조, 민경환. (2005). 한국어 감정단어의 목록 작성과 차원 탐색. 한국심리학회지: 사회 및 성격, 19(1), 109-129.

소통에 앞서, 이것부터 챙기자

앞에서 교사와 학부모의 소통을 막는 내·외부적인 요인에 대해 살펴보았듯, 결국 교사도 사람이기 때문에 본인의 심리적 영역을 벗어나는 일을 처리하기는 매우 어렵다. 특히 유아를 지도하는 교사는 상대적으로 감정 노동이 심하고 심리적 소진에 따른 근무 의욕 저하가 자주 일어나는 직업이다. 따라서 학부모와 소통하기 위한 기술을 익히기에 앞서, 기본적으로 교사 자신의 마음을 돌보는 전략을 세우는 것이 중요하다. 그런 다음에 다양한 의사소통 기술을 활용하는 것이 효과적이다.

교실 정리와 청소, 코로나19 팬데믹 이후 소독까지 깔끔하게 하고 나니 기운이 쭉 빠진다. 오늘따라 아이들은 거칠었다. 걸핏하면 고함을 지르고 운다. 오늘은 또 장난 치다 친구를 때린 아이까지 있었다. 하루가 전쟁처럼 지나가고 내일 필요한 놀이 자료 준비를 다른 교사들과 함께 하면서 오늘 있었던 일들에 대해 무심코 하소연을 했다. 선생님들이 공감을 해 주시는 것까지는 좋은데, 과도하게 감정이입을 하는 이야기들을 듣다 보니 내심 더 짜증이 몰려왔다. 대체 무엇이 문제였을까?

이상하게도 내 마음은 요동치고 있었다. 그 순간 울리는 카톡 소리.

오늘 친구의 장난에 맞은 준혁이 어머님이다. 카톡을 확인하는 순간, 1은 없어질 테고 난 무엇인가를 해야 하는데 이 상황조차 짜증스럽다. 유독 지치고 힘든 하루, 도대체 무엇이 문제일까?

사실, '소통'이라는 말 자체만 두고 보면 그리 어려운 것은 아니다. 적당히 나의 말을 하고, 상대방의 말을 듣기만 해도 소통이 되는 것이므로 어떤 형태로든 소통은 이루어질 수 있다. 다만, 교사가 생각하는 학부모 소통의 핵심은 '교육적 의미'에 있을 것이다. 교사에게 의미 있는 학부모 소통이 되려면, 먼저 꼭 기억해 두어야 할 것이 있다. 유아를 교육하는 교사는 다른 학교급의 교사에 비해 상대적으로 감정 노동의 강도가 강하고 소진Burnout이 빠르게 오는 업무 환경에 놓여 있다. 따라서 유치원 교사의 감정 노동이나 소진을 막기 위한 심리적 전략에 대해 알고 있어야 한다. 이러한 전략 없이 열정만 쏟아붓는다면 소진 경험이 누적되면서 결국 교사 스스로의 정신 건강을 해치는 결과를 가져올 것이다.

그럼, 학부모 소통에 앞서 교사가 스스로의 마음을 챙기기 위해서는 어떤 전략들이 필요할까?

유연한 나를 만드는 전략

소진을 피하는 생활 습관을 만든다

'소진'은 대인관계 업무가 많은 전문직이나 서비스직에 종사하는 사람들에게서 자주 보이는 대표적인 심리 현상이다. 소진은 신체적, 정신적, 정서적 고갈 상태를 뜻하며 직무 환경이나 상황에서 부정적인 감정 등이 누적되어 무기력해지는 현상이다. 특히 하이터치High-touch 직업군(타인을 돕기, 돌보기, 봉사하기, 가르치기, 치료하기)의 사람들에게 쉽게 소진이 오는 것을 알 수 있다. 소진은 감정, 동기, 태도, 기대의 수준을 현저히 낮아지게 하거나 비활성화되도록 만든다. 소진의 원인은 주로 직무 환경(심리적, 사회적 환경을 포함)에서 비롯되지만, 같은 환경에 놓인 모두에게 소진이 오지는 않는다. 즉, 개인이 어떤 전략을 취하는가에 따라 달라질 수 있다.

유치원 교사가 소진되는 가장 큰 원인 중 하나는 내면과 표현의 불일치이다. 직무 특성상 유치원 교사는 웃는 얼굴로 긍정적인 표현을 해야 한다는 일종의 의무감을 지니고 있다. 황당한 내용의 학부모 전화를 받아 마음이 힘들어도, 웃으며 응대해야 일이 더 커지지 않는다는 것을 알고 있다. 유아가 아무리 떼를 쓰고 교사를 지치게 만들어도, 웃으며 유아를 귀가시켜야 가정에서 불필요한 오해를 하지 않는다는 것을 직감적으로 안다. 이러한 내면의 감정과 그것의 인식, 그리고 표현의 불일치는 교사의 내면을 불편하게 만들고, 자신의 가치나 자아를 스스로 낮춘다. 그러다가 타인에게까지 냉소하면서 점점 지쳐 간다. 이런 상황에서는 자신의 표현되지 못한 내면의 감정을 바라보고 그것을 인지적으로 재평가함으로써 수용될 수 있는 감정으로 승화시켜야 한다.

인지적 재평가 전략은 정서, 감정 조절 영역에서 자주 활용되는 개념인데, 앞의 사례를 통해 살펴보자. 학부모의 카톡이 팝업창으로 뜨는 순간, 저절로 한숨이 나고 무기력해지며 주변 선생님들의 격려와 지지에도 왠지 도리어 짜증이 난다. 여기서 중요한 것은 '한숨'의 의미이다. 실제 상황에 따라 다르겠지만, 반사적으로 '한숨'이 나온 것은 이러한 상황을 습관적으로 불편한 민원 사항이나 지치는 것으로 받아들여 왔다는 것이다. 따라서, 카톡이 오는 순간을 습관적으로 평가하지 않는 의식적인 노력이 필요하다. 학부모가 어떤 이유로 카톡을 보냈는지 궁금해 하며 의식적으로 상황을 낯설게 보고, 인지적 재평가를 하여 자신의 정서를 조절하도록 노력해야 한다.

인지적 재평가의 핵심은 '낯설게 생각하기', '궁금해 하기'를 통해 교사 자신의 정서를 인식할 수 있는 시간적 여유를 갖는 것이다.

🌿 소진 체크리스트 🌿
(* 문항별로 0~5점으로 체크)

☐ 나는 업무로 몸과 마음이 지쳐 있는 느낌이 든다.

☐ 퇴근할 때쯤이면 인내심이 한계에 이른다.

☐ 아침에 일어나면 피곤함을 느끼며 하루 업무를 시작하기가 부담스럽다.

☐ 나도 모르게 유아들의 인격을 무시하게 된다.

☐ 수업과 업무로 인해 감정의 기력이 떨어지고 있다.

☐ 교직에 종사한 이후 사람들에 대하여 더욱 무감각해졌다.

☐ 교직이 나를 정서적으로 메마르게 하지 않을까 걱정된다.

* 절대적인 기준은 없으나 체크되는 항목이 많고 총합 점수가 높을수록 소진(Burnout) 상태에 가까움을 뜻한다. 특히 총점이 20점을 넘긴다면 소진 상태이므로 자신의 마음 건강을 챙길 수 있도록 관심을 가져야 한다.
Maslach, Jackson, & Leiter(2016), MBI(Maslach Burnout Inventory-Educators Survey.

자신의 감정을 인식하는 연습하기

대다수의 사람들은 자신의 감정을 스스로 정확하게 인식하고 있다고 믿는다. 그러나 자신의 감정을 정확하게 인식하는 것은 생각보다 쉽지 않다. 감정, 정서는 인식하기도 전에 다른 감정을 자극하는 경우가 많다. 예를 들어, 유치원에서 변을 본 유아를 교사가 치워 주고 씻기고 새 옷으로 잘 갈아입혔는데, 유아가 집에 가서 창피하다며 떼를 썼고, 이 문제로 학부모가 교사에게 민원을 제기했다면 교사의 감정은 어떨까?

느껴지는 감정들을 다음 표에서 골라 보자. 만약에 느껴지는 감정이 없다면 기타 감정 칸에 자신의 감정을 써 보자.

황당하다	억울하다	짜증 나다	화나다	속상하다	기타 감정

만약 한 개의 감정만 골랐다면, 자신의 여러 감정 중 단 하나만 인식한 것일 수 있다. 이 하나의 감정 말고도 동시에 느꼈던 모든 감정들을 떠올리는 연습이 필요하다.

만약 모든 감정을 골랐다면, 가장 먼저 인식되는 감정부터 나중에 인식되는 감정까지 순서를 쓴다. 다 비슷비슷해 보이는 감정들이지만 조금씩 뉘앙스가 다르다는 것을 눈치챘을 것이다. 이 감정들은 모두 자신의 마음속에서 나온 것이지만, 이처럼 일부러 인식하는 과정을 거치지 않으면 마음 한구석에 그대로 쌓인다. 그렇게 쌓인 감정들의 조각들은 결국 어느 순간 화를 폭발시키는 시한폭탄이 되고 말 것이다. 모든 감정은 표현되고 싶은 속성을 지니기 때문이다. 평상시 자신의 감정 하나하나를 인식하려는 연습과 노력을 한다면, 그 감정들은 마음 한구석에 쌓이지 않을 것이다.

또한 특정 감정이 어떤 상황과 1대1로 맞아떨어지는 것은 아니다. 한 상황에서도 여러 가지 복잡한 감정이 떠오르는 것이 정상이다. 그러나 우리는 어떤 상황에서 생기는 감정을 단 하나의 감정으로 규정지으려고 하는 경향이 있는데, 이는 심리적 에너지를 최소한으로 쓰려는 자연스러운 인식의 흐름 때문이다. 한 상황에서 느껴지는 다양한 감정들을 최대한 많이 떠올리다 보면, 자신이 표현하고자 하는 진짜 감정이 더욱 뚜렷해질 것이다.

자신의 감정을 분석해 보기

앞서 설명한 감정 인식이 잘된다면, 이미 자신의 감정을 분석할 준비가 70% 정도는 끝난 셈이다. 앞선 예를 그대로 들어서 설명하면, 학부모로부터 카톡이 왔을 때 드는 순간의 감정은 '황당하다', '억울하다', '짜증 나다', '화나다', '속상하다' 등이었다. 이때 교사가 학부모에게 직접적으로 표현해도 관계가 깨지지 않을 감정은 무엇일까? 아마도 '속상하다'일 것이다. 만약, '황당하다, 화나다'라는 반응을 보였을 경우에는 도리어 보호자와 감정적으로 싸우는 양상으로 전개될 것이고, '억울하다'고 하면 학부모가 당황하거나 황당해 할 수도 있을 것이며, '짜증 난다'고 말하면 학부모와의 관계를 끊겠다는 의미로 전달될 수도 있다. '속상하다'는 '황당, 억울, 짜증, 화' 감정의 연속선상에 있지만, 학부모에게 표현한다고 해서 관계를 깨뜨리지는 않는다. 또한 다양한 해석이 가능하므로 안전한 표현이기도 하다. '속상함'은 유아의 상황에 대한 속상함, 교사 자신에 대한 속상함, 이런 상황이 벌어진 것 자체에 대한 속상함 등 다양한 대상을 내포하기 때문에 상대에게 표현해도 상대적으로 안전한 것이다.

"아, 어머님, 퇴근하시고 준혁이를 보자마자, 낮에 친구가 때렸다고 하니 놀라셨죠? 하원할 때 우리 준혁이가 밝은 얼굴로 인사를 하기에 따로 연락을 안 드렸거든요. 저도 낮에 많이 속상했어요. 어머님께서도 많이 속상하셨을 것 같아요."

　이렇게 대화를 이끌어 간다면 학부모의 화 감정도 어느 정도 통제가 가능한 수준으로 떨어질 것이다. 여기서 한 가지 이상한 점이 있지 않은가? 앞서 '속상함'의 감정은 민원에 대한 속상함이었는데, 위 교사의 말 속에서 속상함은 준혁이의 상황에 대한 속상함으로 바뀌어 표현되고 있다. 그럼, 자신의 감정에 대한 표현을 솔직하게 하면 안 된다는 뜻일까? 전혀 그렇지 않다.

　앞선 사례의 상황을 다시 떠올리면서 한 가지 생각해 보자.
　'지금의 감정선은 어디에서 시작되었는가? 카톡에서 시작되었을까? 아니면 준혁이가 친구에게 맞은 것에서 시작되었을까?'
　학부모의 카톡이 뜨는 순간 가장 먼저 떠올리게 되는 것은 최초의 상황에서의 감정선이다. 황당하고 억울하고 짜증스러운 감정이 먼저 떠오르는 것이다. 하지만 사실 이런 상황이 된 것에 대한 속상함이 솔직한 심정이며, 황당하고 억울하고 짜증스러운 것은 아이의 상황과 현재 교사의 상황에 대한 감정이 뒤섞여 있는 것이다. 따라서 화 감정의 촉발은 카톡이었지만, 낮에 있었던 일의 속상함에 대해 표현한다면 같은 감정선상에 있으면서도 자신의 감정을 있는 그대로 표현하는 것이 된다.

앞서 이야기한 감정 인식과 더불어 감정을 분석하는 연습을 꾸준히 한다면, 분명 효과적으로 감정을 표현할 수 있게 될 것이다.

이는 학부모 소통에 대한 부담을 낮추고 교사로서의 효능감을 높이는 전략이 된다.

간단하면서도 효과적인 명상 호흡하기

명상이라고 하면 흔히 조용한 곳에서의 수련을 떠올리지만, 명상은 일상에서도 가능하다. 간단한 호흡법으로도 시간, 장소, 상황의 제약을 벗어나 스트레스를 흘려보내는 효과를 볼 수 있다.

명상 호흡

① 허리를 곧게 펴고 고개를 들어 정면을 보며 턱을 당긴 후 눈을 감는다.

② 코로 숨을 10초 동안 천천히 가늘고 길게 들이마신다.

③ 숨을 2초 동안 참는다.

④ 입으로 숨을 10초 동안 가늘고 길게 내뱉는다.

* 주의점: 숨을 들이쉴 때는 배에 공기를 넣는다고 생각한다.

내 몸에 들어가는 공기의 흐름, 호흡에만 집중한다.

위의 호흡을 5회 반복하고 난 후에는 천천히 코끝에 집중하며 자신의 의식에 주의를 기울이고, 자신의 의식을 알아차리는 연습을 한다. 약 15분 정도씩 하면 효과적이다. 익숙해진 이후에는 자신의 상황에 맞게 시간을 조절할 수 있다.

스트레스에 대응력을 기를 수 있는

🌿 Mindfulness(마음 챙김) 🌿

감정과 정서 영역은 심리학에서 과학적인 분석과 연구가 어려운 영역으로, 우리의 내면에서 가장 많이 활용되는 심리적 에너지이지만 정작 그 기제는 잘 모르는 경우가 대부분이다. 어떻게 작동하는지 밝혀진 것이 많지는 않지만, 어떻게 하면 우리 삶에서 유용하게 활용할 수 있는지 밝혀진 것들은 꽤 있다.

그중 하나가 우리나라에서 '마음 챙김'이라고 표현하는 'Mindfulness-Based Stress Reduction(MBSR) 프로그램'이다. 이 프로그램은 1979년 매사추세츠의대의 Kabat Zinn교수가 창안한 것으로, 만성통증이나 질병에 노출된 환자들의 스트레스 완화를 위해 개발되었다. MBSR은 만성통증, 불안, 우울, 공황장애, 수면장애, 유방암 및 적립선암, 외상, 섭식장애, 면역강화, 스트레스 대응 능력 향상 등에 효과적이라는 사실이 의료 분야에서 입증되었다. 또한 하버드, 스탠퍼드, 제퍼슨의과 대학 등 많은 의료기관에서 실시하고 있는 프로그램으로 특히 소진(Burnout)과 스트레스 대처에도 매우 효과적이다.

'마음 챙김'은 원래 불교의 참선에서 발전된 것이지만 종교적인 수행이 아닌 일반인의 심리 작용들에서 그 활용 범위가 넓음을 알 수 있다. 특히 부정적인 정서 감소와 교사의 효능감 증진에도 효과적이다.

결국 마음 챙김은 호흡을 도구로 하여 자신의 의식 흐름을 알아차리는 것이 핵심인데, 이 시간에는 온전히 자신의 몸과 마음에 집중하게 된다. 이를 통해 결국 타인에게 향해 있던 시선과 의식을 자신에게로 돌려서 점진적으로 자신의 내면을 바라보는 힘을 키우는 것이라고 할 수 있다. 명상 시간을 통해, 주변 상황에 흔들리지 않는 내면의 힘이 길러지는 시간들을 확보하는 것이다.

명상할 때 효과적인 마음가짐
① 명상할 때 '판단'하지 않는다.
② 인내심을 갖는다.
③ 늘 처음 하는 것처럼 한다.
④ 지금 자신의 경험, 마음을 신뢰한다.
⑤ 노력은 하지만 지나치게 애쓰지 않는다.
⑥ 마음의 의식을 흐르는 대로 수용한다.

학부모와의 관계 유지 전략

다른 직종에 비해 의무감과 책임감이 높은 교사의 스트레스는 보이지 않아도 지속적으로 크게 작동하고 있다. 자신의 감정을 외면하고 무조건 상대에게 맞추는가 하면, 특정 감정을 확대해석하여 오랫동안 쌓아 온 감정들을 폭발시키기도 한다. 이러한 경향은 교사 스스로가 자신의 욕구와 감정을 더욱 억압하는 원인이 될 뿐 아니라, 지속적으로 긴장감을 누적시켜 결과적으로 학부모와의 관계를 안 좋은 방향으로 이끌 수 있다. 그렇다면 학부모와 건강한 관계를 유지하기 위해서는 어떠한 전략들이 필요할까?

역할 수행 이전에 나의 마음부터 살피기

유치원 교사의 당연한 역할이라고 생각하는 것들이 있는가? 혹시 아래의 항목들이 마음속에 굳게 자리 잡고 있는 것은 아닌지 생각해 보자.

- 나는 친절한 교사여야 한다.
- 황당하고 화가 나는 상황에서도 웃으며 말해야 한다.
- 어떤 경우라도 학부모와 좋은 관계를 맺어야 한다.
- 나는 절대로 화를 내지 않는다.

위의 항목 중 실제의 자신을 나타내는 것이 있다면, 그 항목이 내포하고 있는 역할에 대한 압박감이 자신의 감정을 억누르거나 우울함을 발생시키는 원인일 수도 있다. 위 항목들의 공통점은 무엇인가? 바로 '~해야 한다, 어떤 경우라도, 절대로'라는 단정적이고 강한 의무형의 내용이라는 것이다. 사실 이런 항목들은 교사로서 가질 수 있는 일종의 신념으로써 당위적이고 맞는 말일 수도 있다. 그러나 지나친 역할 수행의 압박은 스스로를 자책감, 수치심, 우울함, 불안함 등에 가둘 수도 있다. '교사로서 ~해야 한다'는 신념 위에 유연함을 더해 보자. 그러면 신념 뒤에 억누르고 있던 욕구를 좀 더 분명하게 확인할 수 있다.

- 나는 친절한 교사여야 한다.
⇨ 나는 친절한 교사지만, 때에 따라서는 할 말을 할 수 있다.
- 황당하고 화가 나는 상황에서도 웃으며 말해야 한다.
⇨ 황당하고 화가 나는 상황에서는 원인을 분석하고 적절한 해결책을 제시할 수 있다.
- 어떤 경우라도 학부모와 좋은 관계를 맺어야 한다.
⇨ 학부모와 어색한 순간이 올 수도 있지만 협력적 관계를 맺고자 노력한다.
- 나는 절대로 화를 내지 않는다.
⇨ 나는 화가 날 만한 상황에서는 화를 낼 수 있다.

학부모의 감정과 내 감정 분리하기

학부모의 감정에 교사의 감정까지 뒤섞이면, 상대가 말하고자 하는 것이 무엇인지 불분명해지고, 서로가 원하는 것이 무엇인지 방향을 잃게 된다. 학부모의 감정은 학부모의 감정일 뿐, 교사가 학부모의 감정에 압도되거나 몰입한다면 대화의 질이 떨어질 뿐 아니라, 대화의 취지에서 벗어나 어긋나는 관계로 나아가 버릴 수 있다. 따라서 교사는 학부모의 감정을 마주할 때, 자신의 감정과 분리해서 생각할 필요가 있다. 예를 들어 학부모가 이렇게 말했다고 가정해 보자.

"선생님, 아이가 친구들로부터 놀림을 받았다는데, 정말 화가 나네요. 어떻게 그럴 수 있죠?"

이 학부모의 감정은 '화, 속상함, 놀람' 등이 될 것이다. 얼핏 교사에게 책임을 추궁하며 화를 내고 있는 것으로 보일 수 있지만, 교사 자신의 감정을 배제하고 한발 물러서서 생각해 보면 새로운 정보들이 보이기 시작할 것이다. 이 학부모가 궁극적으로 바라는 것은 무엇이며, 말하고자 하는 핵심은 무엇일까? 바로 자녀가 유치원에서 잘 생활하기를 바라는 것이다. 즉, 학부모가 교사를 비난하려는 목적으로 하는 말이 아니라는 것을 명심해야 한다. 물론 교사를 비난하는 어조로 말하는 데에서 오는 불쾌함과 불편함, 억울함이 생겨나는 것은 사람이라면 어쩔 수 없을 것이다. 그러나 무엇보다 중요한 것은, 학부모가 말하고자 하는 '핵심'에 대한 교사 자신의 감정을 기억하는 것이다. 학부모의 말 표면에 드러나는 감정만 가지고 대화의 끈을 이어 나가지 않고, 말속에 숨은 본질과 의도를 먼저 보고 대화를 이어 나간다면 교사의 효능감까지도 보호할 수 있다.

본심을 말하는 연습하기

"선생님, 저희 아이에게 소홀하신 것 아닌가요?"

학부모에게 이런 이야기를 듣고 마음 편할 교사가 있을까? 유아에게 정말로 소홀했는지 아니었는지는 그 누구도 알 수 없다. 그렇게 판단할 수 있는 주체는 각각 다르기 때문에 그러한 판단 자체가 의미도 없다. 그러나 학부모로부터 이런 말을 듣는다면 교사는 속상하며 마음의 상처를 받는다. 그러나 경력이 쌓이면서 어느 순간 이런 말들에 무뎌질 수도 있다. 학부모의 어떤 말에도 무뎌진다는 것은 스스로를 덜 힘들게 하고 경륜이 쌓여 오는 여유의 노하우일 수도 있지만, 좀 더 세심하게 뒤집어 생각해 보면 위험한 지점도 있다. 교사가 학부모나 아이의 반응에 무뎌지는 것이 자칫 상황을 더욱 악화시킬 가능성도 있기 때문이다.

"선생님, 저희 아이에게 소홀하신 것 아닌가요?"라는 학부모의 말에서 느껴지는 억울함, 속상함, 놀라움, 화남, 서운함 등의 다양한 감정을 마주할 때 교사는 어떻게 말해야 할까? 상황에 따라 다를 수도 있지만, 어떤 면에서 아이에게 소홀하다고 느꼈는지 학부모의 이야기를 들어 보고, 그것이 오해였음을 차분히 풀어 나가야 한다.

"어머님께서 그렇게 느끼신 이유가 있으실 것 같아요. 어떤 일이 있으셨나요?"

"네, 아이가 집에 오자마자 막 우는데, 선생님이 나만 싫어한다고 하더라고요. 아이가 선생님이 자기만 싫어한다고 우는 걸 보니, 선생님께서 아이에게 너무 소홀하신 거 아닌가 생각했어요."

"아, 아이가 그렇게 생각했나 보네요. 사실 낮에는 이런이런 일이 있었는데요. 그때 당시에는 아이가 씩씩하게 웃어서 의젓해 보인다고 칭찬을 했는데, 그때 친구와의 다툼에서 화가 안 풀렸나 봐요. 저도 아까 어머님 말씀을 듣고 처음에는 놀랐는데, 아이들끼리 잘 풀릴 수 있도록 함께 이야기할게요. 혹시라도 비슷한 문제가 있으면 언제든지 말씀해 주세요."

사실, 처음 학부모의 이야기를 듣고 느낀 교사의 본심은 '놀람, 속상함'일 것이다. 상황이나 관계의 수준에 따라 다르겠지만, 이런 상황에서 교사는 학부모의 말에 대한 기분 나쁨이나 억울함을 표현하는 것보다는 교사도 놀랐다는 마음을 솔직하게 표현하고, 유아와 관련하여 유치원에서 있었던 일들을 이야기 나누며 문제를 해결해 주는 전략이 필요하다. 사실 대부분의 교사가 느끼는 감정 속에 숨은 본심은 '좋은 교사가 되고 싶다', '유능한 교사이고 싶다'라는 데에서 크게 벗어나지 않는다. 교사로서의 이러한 본심을 염두에 두고 일상 대화 속에서 표현하는 연습을 해 본다면, 학부모와의 관계에서 교사가 당황스러운 상황을 마주했을 때에도 불필요한 말로 오해를 사지 않고 효과적으로 대처할 수 있을 것이다.

유아와의 관계 형성 전략

유아와의 관계는 학부모와의 관계를 형성하는 데 큰 영향을 미친다. 교사와 학부모가 아무리 원만한 관계를 유지하며 소통을 잘한다고 하더라도, 교사가 유아와 제대로 관계를 맺지 못한다면 모래 위에 성을 쌓는 것과 마찬가지이다. 학부모와 교사의 소통도 결국 유아의 성장이라는 궁극적인 지향점을 향한 것이기 때문이다. 일상 속에서 가볍게 실천할 수 있는 관계 형성 전략으로, 유아와의 신뢰 관계를 더욱 돈독하게 만들어 보자.

유아와 눈 마주치기

아직 자신의 표현을 능숙하게 하지 못하는 유아를 매개로 하여 퍼즐 맞추기 식으로 이야기할 때가 많기 때문에, 유치원 교사와 학부모와의 소통이 더욱 어려워지는 지점이 있다. 대부분의 유아는 부모와의 대화 속에서 감정이나 느낌을 전달하고, 학부모는 이러한 아이의 감정을 바탕으로 직접 보고 겪지 않은 상황을 상상해서 해석하는 경우가 많기 때문이다. 사실 유아의 인지적 특성을 고려할 때 유아와 논리적으로 이야기하는 것은 오히려 비효율적이다. 그렇다면 유아와 어떻게 대화를 나누며 신뢰 관계를 쌓아 갈까? 유아와 대화를 할 때에는 눈을 마주치면서 대화한다. 만약 유아가 교사와 제대로 눈을 맞추려고 하지 않는다면, "선생님 눈을 봐 줄 수 있겠니?"라는 말로 집중시키면서 따뜻한 대화를 이어 나가 보자. 유아는 교사가 자신을 아낀다고 생각하며 좀 더 마음을 열 것이다.

유아의 감정을 차분히 수용하기

자신의 감정을 절제하고 상대방에게 수용될 수 있는 방식으로 표현하는 성인과 달리, 유아는 감정을 즉각적으로 표현한다. 또한 자신의 감정이 상대방에게 수용되지 않았다고 느끼면 또 다른 감정과 이야기들을 쏟아 내기도 한다. 따라서 유아가 표현하는 감정들을 일단은 차분하게 수용해 줄 필요가 있다. 교사에게 마구 화를 내는 유아에게 "왜 화를 내니?"라고 하기보다는 "아, 지금 화가 많이 났구나? 무슨 일이 있었니?"라는 식으로 감정을 수용한다면, 유아는 '화'라는 주 감정에서 벗어날 수 있게 된다. 아이의 눈을 마주 보며 차분하게 감정을 수용하는 전략을 활용해 보자.

한 박자 늦게, 깊이 있는 감정을 반영하기

유아와 눈을 맞추며 대화하고 차분히 유아의 감정을 수용해 주었다면, 유아는 이미 교사가 자신을 믿어 준다는 느낌을 받았을 것이다. 그런데 그 이후, 유아의 감정을 수용하거나 이야기를 들을 때 교사가 앞서가는 경우가 있는데, 이는 많은 유아들을 상대해야 하는 유치원 교사에게 시간적 여유가 충분하지 않기 때문이다.

"아, 지금 많이 화가 났구나?"라고 말한 이후에 유아의 감정에 잠시 머무르는 시간이 필요하다. 2~3초만 유아의 감정에 머무른 다음 유아의 감정을 궁금해 하면, 유아는 짧은 시간 동안에도 자신의 감정에 집중하면서 자신의 감정을 인식하게 될 것이다. 이러한 과정을 통해 유아는 교사에게 깊은 신뢰감을 느끼게 되고, 이렇게 형성된 신뢰감은 학부모에게도 제대로 전달될 수 있다.

교사의 바람과 마음을 천천히 전달하기

슬픔이나 화가 나는 감정을 표현하는 유아에게 교사의 바람이나 지도 사항을 전할 때에는 앞서 안내한 것처럼, 유아와 눈을 마주치며 감정을 수용한 후 한 박자 늦으면서도 짧지만 깊이 있는 감정 인식을 한다. 그리고 나서 유아가 교사의 감정과 생각을 수용해 줄 준비가 되었는지 확인한 후 천천히 전달하는 것이 효과적이다. 교사가 말하고자 하는 내용이 유아에게 제대로 전달이 되지 않는다면, 다시 전달해야 하는 상황이 생긴다. 따라서 조금 시간이 걸리더라도 천천히 전달하고 다시 확인하여 유아가 교사의 전달 내용을 내면화할 수 있도록 도와야 한다.

학부모 유형에 따른 소통 방법

'옷깃만 스쳐도 인연이다!'라는 말이 주는 의미를 되새기면서, 학부모와의 인연 또한 소중한 관계으로 이어질 수 있도록 교사가 먼저 마음의 문을 열고 다가가 보자. 다소 격앙된 목소리, 무덤덤한 표정, 유아와 손을 잡고 걸어가는 뒷모습 등 학부모의 다양한 모습 속에서 다양한 색깔의 마음을 읽어 보자.

여기서는 1장에서 잠시 언급했던 학부모 유형(신뢰형, 부정형, 과잉형, 방임형)에 따른 적절한 소통 방법에 대해 살펴본다. 다양한 사례를 통해, 학부모들의 속마음과 교사 스스로 자신에게 던져 볼 질문들, 적절한 소통 해결 전략들에 대해 알아보자. 학부모 소통에 정해진 답은 없지만, 적극적으로 다가가 마음이 통通하는 소통을 해 보면 어떨까?

신뢰형_교사와 교육기관을 신뢰하는 학부모

신뢰형 학부모는 교육기관의 방침 및 제반 사항에 협조적이며, 교사의 의견에 대체로 긍정적인 반응을 보이는 학부모 유형이다. 교사에게 꼭 필요한 전달 사항이나 특별한 사항이 있을 때에만 연락을 하고, 교사가 먼저 연락할 경우 특별한 불만 없이 밝게 응대한다. 또한 "늘 수고가 많으시다.", "선생님이 계셔서 든든하다." 등의 교사를 응원하는 말을 자주 해 준다.

학부모의 속마음 들여다보기

- 내가 신중하게 선택하여 고른 교육기관이므로 신뢰가 간다.
- 맘카페나 자녀들을 먼저 보낸 부모들의 교육기관 평이 좋다.
- 원장님을 비롯하여 모든 교사가 친절하고, 아이들을 사랑으로 대한다.
- 형제(자매)를 몇 년간 보내 봤기에 믿음이 간다.
- 내가 선생님을 믿어야 선생님도 내 아이에게 잘해 줄 것이다.

교사 스스로에게 질문 던지기

신뢰형 학부모와 적절하게 소통하고 있는지 스스로 질문을 던지며 점검해 보자.

- 언제나 교사를 신뢰해 준다고 여겨서, 다른 학부모들에 비해 상대적으로 소통에 소홀하지는 않았는가?
- 평상시 가지고 있던 고마운 마음을 학부모에게 구체적으로, 자주

표현하였는가?

- 학부모가 평상시 표현하지 못한 불편한 마음이 없는지 유심히 관찰하였는가?
- 학부모에게 자녀에 대한 적절한 정보를 주기적으로 제공하고 있는가?

마음을 여는 소통 전략

신뢰형 학부모의 경우 교사나 교육기관에 대한 신뢰나, 자녀에 대한 믿음이 강하기 때문에 상대적으로 교사와의 소통 기회가 줄어들 수 있다. 학부모는 자녀의 교육기관 생활에 대한 정보를 알 권리가 있으므로, 교사는 학부모가 요구하지 않는다고 해도 유아의 유치원 생활을 주기적으로 안내한다. 더불어 학부모의 신뢰가 교사의 교육활동에도 큰 도움이 된다는 격려의 이야기를 반드시 전한다.

- 학부모로부터 별다른 연락이 오지 않고 특별한 사항이 없더라도 유아의 소소한 일상에 대해 공유한다.
- 학부모와의 신뢰 관계가 지속될 수 있도록 감사하고 신뢰하는 마음을 쪽지나 편지, 전화 등으로 표현한다.

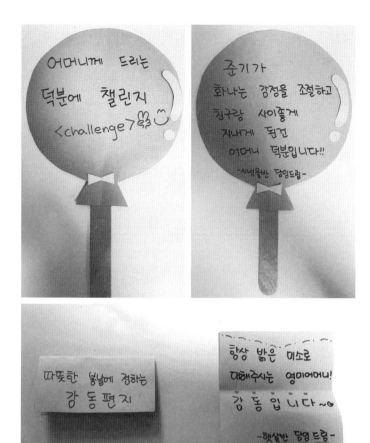

▲ 단어가 주는 기적 어떤 단어를 사용하고 어떻게 표현하느냐에 따라 그 말이 살아나고 힘이 생긴다. '덕분에 챌린지', '감동은 사랑을 싣고' 등과 같이 교사의 마음을 담은 손 편지나 쪽지를 지속적으로 전해 보자. 단어는 아름다운 향기가 되어 학부모의 마음에 머물러 행복한 소통으로 이어질 것이다.

이러한 유형의 학부모는 교사를 대할 때마다 무표정으로 일관하거나, 자신의 기분에 따라 인사를 하지 않거나 받지 않을 때가 있다. 사소한 일에 민감하게 반응하고, 기관의 행사나 프로그램에 대부분 부정적인 의견을 제시한다. 교사의 의견을 듣기보다는 자신의 주장을 관철하려 하거나, 자신의 주관적인 해석대로 문제를 해결하려는 경향이 있다. 어떤 문제가 발생했을 때, 주변의 탓으로 돌리며 자기방어적인 태도를 보인다.

학부모의 속마음 들여다보기

- 다른 사람에게 지적당하는 것이 싫다.
- 강한 모습을 보여야 상대가 나에게 함부로 하지 않을 것이다.
- 담임교사가 논리적으로 분명하게 말하기보다 모호하게 말하기 때문에 믿음이 가지 않는다.
- 담임교사가 학부모들을 만날 때는 늘 친절해 보이는데, 아이는 선생님이 화내고 소리 지른다고 하니, 담임교사는 겉과 속이 다른 사람 같다.
- 아동학대에 관한 뉴스만 봐도 너무 불안하고, 모든 교사들을 못 믿겠다는 생각이 든다.

교사 스스로에게 질문 던지기

교사나 교육기관을 부정적인 시각으로 바라보는 학부모와 적절하게 소통하고 있는지 스스로 질문을 던지며 점검해 보자.

- 학부모의 무표정 때문에 나의 말투나 태도도 경직되지는 않았는가?
- 학부모의 표정이나 말투 속에 숨은 속마음을 보려고 노력하였는가?
- 교사가 먼저 적극적으로 다가가 소통하려고 노력하였는가?
- 교사를 부정적으로 바라보며 대하는 학부모의 태도로 인해, 나도 모르게 유아를 다그치거나 차갑게 대하는 등의 부정적인 감정을 표출한 적이 있는가?

마음을 여는 소통 전략

이러한 유형의 학부모와 소통할 때 꼭 기억해야 할 것은, 학부모의 성격 자체가 부정적인 것이 아니라 교사나 교육기관에 대한 표현이 서투르거나 관계 중심적이지 못할 수 있다는 것이다. 여기엔 교사가 모르는 여러 가지 원인이 있을 수 있다. 따라서 단정적으로 학부모를 부정적인 성향으로 규정짓기보다는 이런 유형의 학부모들 반응에 교사가 어떻게 대처하는 것이 효과적인지 고민해야 한다.

- 학부모의 부정적인 시선이나 불안함의 요인을 파악하여, 이를 해결하고자 노력하는 태도를 보인다.(부모의 마음을 이해하려고 노력하기 / 정확한 정보 전달하기 / 유아의 장점을 구체적으로 전달하기 / 학부모의 장점을 찾고 그에 대한 반응 보이기 등)
- 학부모가 부정적인 말과 행동을 보여도 이에 감정적으로 대응하지 않는다.
- 어떠한 상황을 무마하려 하거나 모호하게 말하기보다 객관적이고

구체적으로 전달한다.

- 교사 스스로의 모습을 늘 되돌아보면서 학부모와 유아들에게 일관성 있는 태도로 다가가려고 노력한다.
- 학부모가 무리한 요구를 할 때에는 수용이 가능한 것과 불가능한 것을 분명하게 말하고, 교사를 인격적으로 모독할 경우 교사의 불쾌한 감정을 솔직하고 정중하게 전달한다.
- 학부모가 아무 반응이 없더라도 평소에 자주 연락을 취하여 유아의 일상생활에 대해 구체적으로 안내한다.
- 유아의 외모나 행동에 관한 사소한 변화에도 반응하여 학부모에게 전달함으로써 학부모를 격려하고 응원한다.

교사가 자신의 아이만 좋아하지 않는다고 생각하는 학부모 유형으로, 간혹 교사가 학부모에게 유아의 개선해야 할 행동에 대해 이야기하면 교사가 자신의 아이를 싫어하거나 미워한다고 오해하는 경우가 있다. 그래서 아이의 이야기를 건성으로 듣거나 빨리 다른 주제로 이야기를 전환하려고 한다. 자녀가 아직 어려서 그런 것이고 자신이 어렸을 때에도 그랬지만 시간이 지나면서 자연스럽게 문제가 해결되었다며, 예전 교육기관이나 가정에서는 아무런 문제가 없었다고 하는 경향이 있다. 교사가 아이들을 잘 파악하거나 지도하는 능력이 부족하다고 생각한다.

학부모의 속마음 들여다보기

- 아이의 문제 상황을 수긍하면 교사가 선입견을 갖고 내 아이를 더 싫어할 것 같다.
- 교사로부터 아이에 관한 싫은 소리를 듣는 것이 자존심 상한다.
- 부모가 아이를 잘못 키워서 문제가 있다고 생각할 것 같다.
- 아이의 잘못이 꼭 내 잘못처럼 여겨져 질책받는 느낌이 든다.
- 안 좋은 이야기를 몇 번 들으니, 담임교사로부터 전화가 오면 '또 무슨 문제가 생겼나?'하는 생각이 들어, 전화를 받는 순간부터 긴장하게 된다.
- 좀 더 지켜봐도 될 것 같은 상황인데 교사의 선입견으로 아이를 단정 짓는 것 같아 속상하다.

교사 스스로에게 질문 던지기

자신의 아이를 교사가 좋아하지 않는다고 생각하는 학부모와 적절하게 소통하고 있는지 스스로 질문을 던지며 점검해 보도록 하자.

- 유아와 관련한 어떤 문제 상황이 생겼을 때에만 학부모에게 연락하였는가?
- 평소에 꾸준히 유아를 관찰하여 감지한 문제 상황을 극복하기 위한 노력이나 유아의 변화를 학부모에게 지속적으로 안내하고 있는가?
- 자신도 모르게 유아에 대해 '남자아이들은 장난꾸러기라서~'나 '그전에도 그랬는데, 또 ~하네요'와 같이 선입견이 들어간 말을 사용한 적이 있는가?
- 학부모에게 유아의 상황과 교사의 의견을 전달하는 과정이나 방법이 적절하였는가?

마음을 여는 소통 전략

이러한 유형의 학부모에게는 학부모가 생각하고 있는 것이 잘못되었다고 부정할수록 오히려 불편한 감정만 더 자극할 수 있다. 따라서 격려와 응원이 필요한 유형이라고 할 수 있다. 자녀 교육에 대한 좀 더 구체적인 행동 전략과 방안을 제시하는 것이 필요하다.

- 자녀의 문제를 인정하고 싶지 않은 학부모를 설득하려고 하기 전

에, 학부모의 마음을 이해하여 좀 더 공감하는 태도로 다가가려고 노력한다.

- 학부모가 교사에게 부정적인 태도를 보일 때, 한 사람으로서의 '나'에 대한 불만이나 감정이 아니라 자녀를 맡고 있는 교사인 '나'에게 마음을 표현하는 것이라는 것을 잊지 않는다. 따라서 감정적으로 맞서지 않도록 한다.

- 이 시기 유아들의 특성과 성향 및 기질에 따라 나타나는 일반적인 사항에 대해 학부모에게 안내하면서, 아이에게 특별한 문제가 있는 게 아니라 발달 특성상 그럴 수 있다는 것을 알려 준다.

- 학부모에게 유아의 단점이나 문제 행동이라고 직접적으로 말하기보다, 성장 시기에서 구체적으로 도와주어야 할 부분임을 강조해서 안내한다. 그러면 학부모는 교사의 이야기를 부담스러워 하지 않고, 자신의 자녀를 좀 더 객관적으로 바라보려고 할 것이다.

- 평상시 유아의 전반적인 생활 및 적응도에 대해 학부모와 자주 소통한다.(평소에 유아의 긍정적인 측면이나 노력하고 있는 점, 아주 사소한 것이라도 변화된 점, 일상 에피소드 등에 대해 자주 격려해 주고, 학부모에게 이를 지속적으로 전달한다.)

과잉형_자녀를 과잉보호하는 학부모

이 유형의 학부모는 자녀를 지나치게 보호하려는 유형으로, 별다른 문제가 없는데도, 자녀의 유치원 생활에 대해 교사에게 수시로 물어보며, 교사가 학부모에게 매일 연락해 주기를 바라는 경향이 있다. 뿐만 아니라 '○○의 자리를 바꿔 달라', '아이의 컨디션이 안 좋은 날이니 선생님이 아이의 손을 잡고 가 달라', '아이가 식사하기를 싫어하니 오늘은 별도로 죽을 제공해 달라' 등등 유치원 생활에 대한 요구 사항이 많다. 매우 사소한 일도 유치원에서 아이가 겪은 불편함이 있다면 그것을 크게 확대하여 생각하는 편이고, 그에 대한 속상함을 교사에게 자주 토로한다. 때로는 아이의 반응만으로 추측하여 교사에게 부정적인 감정을 표출하기도 한다. '귀하게 얻은 아이라서, 몸이 너무 약한 아이라서, 아이가 너무 여리고 착해서' 등의 이유를 들어 특별한 관심과 보호를 요청한다. 자녀와 함께 어울릴 또래 친구를 임의로 정해 주려고 하는 경향이 있고, 또래 관계에서 문제가 발생했을 때 다른 아이들의 잘못으로 돌리는 경향이 있다.

학부모의 속마음 들여다보기

- 부모인 내가 아이를 보호하지 않으면 안 될 것 같은 불안함이 있다.
- 아직 아이가 어리므로, 어른인 부모가 나서서 모든 문제를 해결해 주어야 한다고 생각한다.
- 자녀에게 완벽한 부모가 되고 싶다.
- 내 자녀를 다른 아이들보다 유능하게 키우고 싶다.
- 교사가 내 아이의 부족한 점을 이야기하면 기분이 나쁘다. 내 아

이가 부족한 것이 아니라 아직 배울 시기가 안 되었기 때문이고, 때가 되면 다 할 수 있다.

교사 스스로에게 질문 던지기

자녀를 지나치게 보호하려고 하는 학부모와 교사는 적절하게 소통하고 있는지 스스로 질문을 던져 보며 점검해 보자.

- 평소에 학부모를 부정적인 시선으로 바라보지 않았는가?
- 완벽한 부모가 되고자 하는 학부모의 마음을 이해하려고 노력하는가?
- 학부모의 과잉보호로 인해 유아의 유치원 생활에 대해 제대로 말하지 못하고 있는 것은 아닌가?

마음을 여는 소통 전략

자녀를 과잉보호하는 모습을 보이는 학부모는 다른 학부모에 비해, 자녀를 잘 교육해야 한다는 의무감이 지나치게 강할 수 있다. 자녀 교육과 양육에 여유를 가질 수 있도록 교사가 작은 도움을 주는 전략이 필요하다.

- 자녀를 향한 학부모의 사랑과 열정을 인정해 주고, 교사가 유아를 사랑하는 마음을 표현하며, 학부모의 마음과 같음을 알 수 있도록 한다.

- 학부모가 자녀에게 발생하는 문제 상황을 가볍게 여기거나 인정하지 못할 수 있으므로, 평소에 유아의 유치원 생활 과정을 주의 깊게 관찰하고 꼼꼼하게 기록하여 학부모에게 전달한다.
- 교사의 관점이 학부모와 상이할 수밖에 없다는 점을 인정하고, 학부모의 입장과 마음을 헤아리려고 노력한다.
- 학부모에게 유아의 긍정적인 부분과 잘 성장하고 있는 면에 대해 구체적으로 알려 주고, 유아의 부족한 부분을 말할 때에도 단점을 지적하는 것이 아니라 성장 과정의 일환임을 강조하면서 함께 역점을 두어야 할 사항에 대해 안내한다.
- 이 시기 유아의 특성과 성장을 위해 꼭 필요한 것들을 이야기하며, 가정에서 유아가 자신의 일을 스스로 해결할 수 있는 기회를 제공하도록 안내한다.

방임형 Ⅰ _ 자녀의 잘못된 행동을 통제하지 못하는 학부모

자녀가 무엇이든 마음대로 하도록 허용하는 학부모 유형으로, 자녀가 잘못된 행동을 해도 제대로 통제하지 못하며, 자녀를 양육하는 태도가 일관적이지 않다. 자녀를 어떻게 키워야 할지 막막함을 호소할 때가 많으며, 자녀가 가정에서 일삼는 잘못된 버릇이나 행동을 고쳐 달라고 교사에게 자주 요청한다. 교사가 유아의 행동에 대한 가정에서의 지도에 대해 언급하면, 가정에서도 통제가 되지 않는다며 교사가 알아서 지도해 달라고 한다.

학부모의 속마음 들여다보기

- 자녀를 어떻게 양육하는 것이 좋을지 구체적인 방법을 잘 모르겠다.
- 자녀를 나무라는 것이 마음 아프다.
- 아직 어린아이이니까 지금은 마음대로 하게 두고, 차차 알아 가도 된다고 생각한다.
- 뭐든 아이가 원하는 대로 해 주고 싶다.
- 아이에게 언제 부드럽게 대하고, 언제 단호하게 대해야 할지 그 기준을 모르겠다.

교사 스스로에게 질문 던지기

자녀의 잘못된 행동을 통제하지 못하는 학부모와 적절하게 소통하고 있는지 스스로 질문을 던지며 점검해 보자.

- 교사의 교육과 지도 방법은 일관성 있게 이루어지고 있는가?

• 유아의 교육과 성장을 위한 가정에서의 역할과 교육기관에서의
역할을 학부모에게 구체적으로 안내하고 있는가?

마음을 여는 소통 전략

자녀의 교육에서 무엇에 중점을 두어야 할지 확신이 서지 않으며, 어
떻게 양육하고 지도해야 할지 구체적인 방법을 모르거나 자신이 없는
학부모 유형의 반응은 습관화될 수도 있다. 교사는 전문가로서 학부모에
게 적절한 양육 방식을 제안하거나 설명할 때 구체적인 행동 방안이나
대화의 예시 등을 제시해 주는 것이 좋다. 교사가 제안한 것을 학부모가
적절하게 실천하고 있다면 그에 대한 격려와 지지를 해 주어야 한다.

• 자녀의 성장과 미래를 위해, 부드러우면서도 단호한 태도가 필요
하다는 것을 학부모에게 안내한다.
• 자녀를 양육하는 데 원칙이 필요함을 설명하고, 해도 될 것과 하지
말아야 될 것을 정하여 일관되게 지도할 수 있도록 안내한다.
• 학부모에게 자녀의 양육 방법과 관련된 전문 서적이나 연수를 추
천하여 도움을 주는 방법도 있다.
• 교사는 이 시기 유아들의 특성 및 다양한 지도 방법에 대해 지속
적으로 학부모에게 안내한다.
• 부모의 양육 방법이 갑자기 달라지면, 자녀는 부모의 마음이 변했다
고 생각하여 강한 거부감을 드러낼 수 있으므로, 학부모와 유아가
약속을 정할 때 교사도 개입하여 유아가 실천할 수 있도록 돕는다.

방임형 Ⅱ _ 개인적인 문제로 자녀 양육이 어려운 학부모

박교사는 이번 주 금요일에 '블록데이' 행사가 있어 목요일까지 유아들이 좋아하는
블록을 보내라는 안내문을 지난주 금요일에 가정으로 보냈다. 그런데 며칠이 지나
도 수민이의 출석카드에 안내문이 그대로 꽂혀 있어서 학부모에게 여러 번 전화를
했으나, 연락이 되지 않았다. 수차례의 통화 시도 끝에 드디어 연락이 되었다.

학부모 개인의 문제로 생활의 여유가 없기 때문에, 자녀의 준비물을 제대로 챙겨 주지 못하거나 안내문을 확인하지 않아 일주일 이상 출석 카드에 안내문이 그대로 있을 때가 많다. 전화를 안 받을 때가 많고, 교사가 전화한 기록이 있어도 교사에게 먼저 연락을 잘 하지 않는다. 통화가 되더라도 바쁘다고 하면서 교사와의 상담을 회피할 때가 많다. 이 유형의 학부모들은 개인적인 여러 문제들로 부모의 역할을 제대로 할 수 없다고 호소한다.

학부모의 속마음 들여다보기

- 개인적인 일과 자녀 양육을 동시에 수행하기가 너무 힘들다.
- 자녀를 잘 양육하지 못해 죄책감이 들 때가 많다.
- 자녀를 제대로 양육하지 못하는, 문제가 많은 부모라고 생각될 것 같아 두렵다.
- 가정에서 아이를 잘 챙기지 못해 선생님께 늘 죄송한 마음이 든다.

교사 스스로에게 질문 던지기

자신의 개인적인 사정으로 자녀 양육을 힘겨워 하는 학부모와 적절하게 소통하고 있는지 스스로 질문을 던지며 점검해 보자.

- 학부모가 처한 상황과 마음을 이해하고 공감해 주었는가?
- 학부모에게 상처가 될 수도 있는 말을 한 적은 없는가?
- 학부모와 연락이 되지 않는다고 소통을 위한 노력을 소홀히 하지

는 않았는가?

마음을 여는 소통 전략

이 유형의 학부모에게는 학부모의 개인적인 상황으로 인한 현실적인 어려움이 가장 큰 걸림돌이다. 학부모는 이미 지쳐 있거나 지치기 쉬운 상황이며, 유아 역시 가정에서의 연계 지도가 어렵기 때문에 교사의 여유 있는 마음과 끈기 있는 지도가 필요하다. 아주 사소한 습관부터 만든다는 생각과 신념으로 학부모와 함께 교육해 나가자는 메시지를 전달하는 전략이 필요하다.

- 학부모의 마음이나 바람과 달리 현실적인 어려움 때문에 자녀를 양육하기 힘든 상황이므로, 교사는 학부모의 상황과 마음을 이해하고 공감하는 태도를 보인다.
- 학부모의 어려움을 인정하고, 사소한 것이라도 학부모가 노력하는 일이 있으면 놓치지 않고 격려해 준다.
- 학부모가 교사와의 연락을 피하거나 연락이 되도 소통하려 하지 않을 때, 속상해 하기보다 학부모의 상황과 심정을 헤아려 본다. 또한 교사가 학부모에게 먼저 이야기하기 가장 편한 시간을 물어보아, 좀 더 안정된 상황에서 이야기 나눌 수 있는 기회를 만들어 준다.
- 학부모와 연락이 잘 되지 않는다고 해도, 평상시 유아를 잘 관찰하고 아주 사소한 것이라도 성장한 점, 노력하고 있는 점, 기타 에

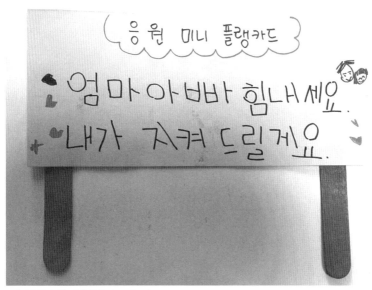

▲ '응원합니다!' 미니 플랜카드 만들기
유아가 만든 미니 플랜카드를 가정으로 보내 학부모를 응원한다.

피소드 등을 쪽지나 문자, 편지 등의 방법으로 전달한다.

· 준비물을 챙겨야 할 경우, 유아에게도 한 번 더 확인시켜 주어, 잘 챙겨 올 수 있도록 안내하고, 별도로 사전에 학부모에게도 문자나 전화로 안내한다. 혹 준비물을 못 챙겨 온 유아들을 위해 교육기관의 사정이 허락된다면 여분의 준비물을 마련해 놓는다.

· 급한 전달 사항을 안내해야 하는데 학부모와 연락이 되지 않을 경우가 있으므로, 학기초에 미리 학부모 이외의 다른 보호자에게 연락을 해도 된다는 학부모의 동의를 받아 학부모 이외의 보호자에게도 추가로 전달해 둔다.

- 늘 자신의 문제로 자녀를 제대로 돌보지 못한다는 미안함을 가지고 있는 학부모에게, 평상시 짜투리 시간을 틈새 공략하여 자녀에게 사랑하는 마음을 표현할 수 있도록 도와준다. 예를 들면 '자녀에게 하고 싶은 말을 녹음하여 보내기', '자녀에게 마음을 전하는 편지를 써서 비밀 편지 상자에 넣어 두기', '자녀에 대한 마음을 이모티콘으로 보내기' 등의 구체적인 방법들을 안내하는 것도 효과적이다.

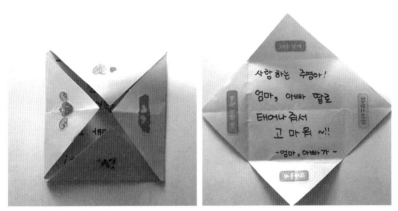

▲ 자녀에게 비밀 편지 보내기
평소에 자녀에게 하고 싶은 말을 스티커로 붙이거나, 간단하게 하고 싶은 말을 적어 '비밀 편지 상자'에 넣어서 자녀에게 표현해 보도록 안내한다.

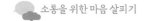

상대의 마음을 보면 답이 있다

상대의 마음을 보면 답이 있다는 말은 어쩌면 식상할 수도 있다. 누가 보더라도 당연한 말이기 때문이다. 그런데, 이 당연한 말을 실제로 수행하는 것은 무척이나 어렵다.

대화의 세계에는 두 부류의 사람이 존재한다. 여기서 두 부류의 사람은 흔히 생각하는 '말하는 사람'과 '듣는 사람'이 아니라, '말하는 사람'과 '말하려고 준비하는 사람'이다. 즉 대화의 세계에서 두 사람은 각자 자신의 말을 하기 위해 기다리고 준비할 뿐이다. '저 말이 끝나면 어떤 말을 할까?' 라고 생각하며 상대가 하고 있는 말을 귀로 듣고 표면적인 내용만 인식하는 것이다. 이처럼 대화의 상황에서 사람은 서로 자신이 하고 싶은 말을 하기 위해, 혹은 어쩌다 흐를 수 있는 침묵의 어색함을 피하기 위해 끊임없이 할 말을 준비한다.

많은 사람들은 자신이 상대의 말을 경청(傾聽)하고 있다고 한다. 그러나 실상은 그렇지 않다. 우리의 귀는 상당히 많은 양의 청각 정보를 끊임없이 받아들이고 있다. 이렇게도 많은 청각 정보 중에서 필요한 정보만 추출해서 활용할 수 있는 이유는, 중요한 정보와 그렇지 않은 정보를 걸러 낼 수 있기 때문이다.

자신이 원하는 강의를 듣거나, 보고 싶은 뉴스, 드라마, 영화를 볼 때에는 의도와 목적이 분명하기 때문에, 시각 정보와 더불어 청각 정보를 조합하여 자신에게 의미 있는 정보들을 추려낸다. 이때에는 자연스럽게 경청하며 집중하게 된다. 그러나 이런 상황을 제외한 나머지 상황에서는 경청이 매우 힘든 일이다. 경청은 고도의 집중력을 발휘해야만 가능한데, 원하지 않는 상황에서는 이것이 어려워질 수밖에 없기 때문이다.

학부모와의 대화 속에서도 자연스럽게 경청이 되는 두 가지의 경우가 있다.

첫째, 내가 원해서 대화를 한다. (교사의 욕구, 필요에 의해서 대화한다)

둘째, 내가 좋아서 대화를 한다. (상대의 의도, 대화 내용은 상관없다)

이러한 상황이 아니라면, 듣기에 목적을 가지고 노력해야만 경청이 가능하다. 그렇다면, 경청을 하기 위해 다음의 단계를 연습해 보자.

1. 잠시 침묵이 흐르더라도 상대와 눈 마주치기

2. 상대의 표현 속에 숨어 있는 욕구가 무엇인지 궁금해 하기

3. 내 판단을 유보하고 상대의 감정에 잠시 머무르기

4. 3단계 이후, 나의 감정과 생각을 전달하기

상대의 감정에 머무르게 된다면, 비로소 경청이 완성되며 공감이 시작된 것이다. 왜냐하면 그전까지는 자신의 감정 표현에 급급해서 상대의 마음이 보이지 않았기 때문이다.

경청은 무척 어려운 일이다. 그러나 거울을 보면서, 유아의 눈을 보면서, 주변 사람들의 말을 귀담아 들으면서 계속 시도하고 연습한다면 점차 습관적으로 경청을 할 수 있게 된다. 이는 분명 학부모 소통뿐 아니라, 일상의 대화에서도 만남의 질을 높일 수 있는 계기가 될 것이다.

Chapter 3

학부모 상담으로
소통의 달인이 되자

· · ·

의사소통이 잘된다는 것은, 서로의 생각과 느낌을 막힘없이 편안하게 주고받는 것이다. 유아교육기관에서 교사는 유아, 학부모와 다양한 형태로 의사소통을 한다. 특히 교사와 학부모 사이의 의사소통은 유아의 성장과 발달을 위해 아주 중요하므로 오해 없이 순조롭게 이루어져야 한다. 교사와 학부모의 소통이 유아를 통해 간접적으로 이루어지는 경우가 많은데, 유아의 부족한 표현력으로 인해 잘못 전달되어 교사와 학부모 사이에 오해가 생기거나 소통이 원활하지 못한 경우도 생긴다. 가장 중요한 교육 주체인 유아가 올바른 방향으로 성장할 수 있도록 교사와 학부모의 소통과 협력은 반드시 필요하다. 따라서, 유아교육기관에서 이루어지는 교사와 학부모의 정기적인 상담은 매우 중요하다. 이번 장에서는 유아교육기관에서 이루어지는 정기적인 상담의 유형 및 과정, 상담 시 준비해야 할 사항, 상담 진행 시 고려할 점 등에 대해 구체적으로 소개하고자 한다.

정기적 학부모 상담,
왜 필요할까

유치원 교사와 학부모의 소통은 유아의 등·하원 지도 시 간단한 대화, 일상생활에서의 전화나 문자 연락, 유치원 행사 참여 등의 여러 상황에서 다양한 방법으로 이루어진다. 다른 학교급의 교사에 비해 유치원 교사는 학부모와 상시적으로 소통하고 있다고 볼 수 있다. 그러나 이러한 일상적 소통으로 아이의 성장 발달과 관련한 깊이 있는 내용이나 더러 생길 수 있는 문제 행동 등에 대한 내용을 나누기에는 시간적으로나 공간적으로 제약이 있다.

유치원에서는 연 1~2회의 정기적인 학부모 상담이 필요하다. 정기적인 학부모 상담은 일상적 소통과는 다른 역할을 한다. 정기적 학부모 상담은 유아의 성장을 돕는 데 목표를 두고 조금 더 주제를 초점화하여 함께 협력해 나가기 위한 것이다.

일상에서 관찰을 통해 유아의 행동 속에서 발견할 수 있는 성격, 습관, 정서, 인지 능력, 운동 능력, 감정 등을 학부모와 공유하여, 보다 심도 있게 교육과 양육의 방향을 논의할 수 있다. 그리고 이런 상황에서 학부모에게 관련 정보나 양육 태도, 기술 등을 전달할 수도 있다. 더불어 가정에서 관찰되는 모습들과 함께 비교하여 유아를 더 잘 이해할 수 있으며, 교육활동이나 지도 방법 등을 구성하는 데 참고할 수 있다.

학부모 상담은 유아의 정서, 인지, 행동적 발달 수준을 함께 논의하고 올바르게 성장할 수 있도록 협력하는 데 목적이 있다. 이러한 소통의 과정은 교사와 학부모의 관계를 보다 강한 유대감으로 연결시켜 주는 효과도 있다.

2
학부모 상담에 대한
교사와 학부모의 생각

유아의 성장을 위해 교사와 학부모가 함께 고민하고 소통하는 상담의 시간이 필요하다는 것은 모두가 수긍할 것이다. 그럼, 교사와 학부모는 이런 상담에 대해 어떤 생각을 가지고 있을까? 학부모 상담에 대한 교사와 학부모의 생각을 알아보기 위해 전국의 유치원 교사 100명, 유치원 학부모 105명을 대상으로 설문을 실시했다. 설문 결과를 바탕으로, 학부모 상담에 대한 교사와 학부모의 생각을 알아보자.

교사에게 학부모 상담이란

많은 교사들은 준비가 부담스럽더라도 학부모 상담이 유아 지도를 위해서는 반드시 필요하다고 인식하고 있다. 학부모 상담 전에 유아와 관련하여 포트폴리오나 상담 자료를 준비하는 과정이 다소 힘들긴 하지만, 꼭 필요하다고 여겨 최선을 다해서 준비하는 것이다. 그러나 교사들이 가장 어려워하고 두려워하는 것은 학부모와의 대화이다. 상담 도중에 학부모가 어떤 질문을 할지, 혹시 예상하지 못한 질문에 제대로 대답하지 못하면 어떻게 해야 할지 등등을 걱정한다. 물론, 학부모와의 대화를 능숙하게 이끌어 가거나, 예상치 못한 상황에서도 유연성 있게 대처하는 교사도 있다. 그러나 '학부모'라는 존재 자체만으로도 어렵게 느껴지기에 학부모 상담에 앞서 고민을 하는 교사들이 많다.

학부모 상담을 진행해 보면 학부모들은 유아의 교우관계와 유치원 생활에 대해 가장 많이 궁금해 한다. 그다음으로는 문제 행동 지도나 학습에 대해 궁금해 하는 경향이 있다. 유치원 교사 입장에서 새 학기가 시작되는 3월은 유아에 대해 충분히 파악하기는 좀 어려운 때이므로, 교사가 어느 정도 유아를 파악하고 난 후인 학기초 4월과 학기 중간인 11월 정도에 정기적인 상담을 하는 것이 가장 좋다고 생각한다. 또한 필요에 따라 전화 상담도 수시로 해야 한다고 생각하고 있는 교사들이 많다.

대부분의 유치원 교사들은 현장에 오기 전 대학교에서 학부모 상담에 대해 공부하거나, 신규 교사 연수, 연수원 연수, 원내 유치원 협의, 자율 연수 등을 통해 학부모 상담 교육을 받는다. 그러나 학부모 상담은 어떤 학부모와 어떤 방향으로 이루어질지 모르는, 마치 생방송과 같은 것이다. 그러니, 대학교에서 공부를 하고 많은 연수를 통해 교육을 받으며 경력이 많다고 해도 어렵게 느껴지는 것이 사실이다.

그러나 모든 교사가 학부모 상담을 부담스럽게만 느끼는 것은 아니다. 학부모 상담을 통해 다음과 같은 순간에 감동을 받기도 한다.

- 학부모가 '선생님을 만난 건 최고의 행운'이라고 말했을 때
- 상담을 통해 학부모도 자녀에 대해 잘 몰랐던 부분을 알게 되어 교사에게 더욱 신뢰가 생겼다고 할 때
- 교사가 안내한 교육 방법을 가정에서 꾸준히 적용한 결과, 유아의 긍정적인 변화에 대해 학부모가 감사의 마음을 표현할 때
- 어느 순간 교사와 학부모가 서로의 마음에 깊이 공감하면서 진솔한 대화를 나누게 될 때
- 교사가 자녀를 정확하게 파악하고 있음을 학부모가 믿어 줄 때

그런데 어떤 경우에는 아무리 교사가 열심히 준비하고, 학부모와의 소통에 집중하여 상담을 진행해도 만족스럽지 않을 때가 있다.

- 교사가 유치원에서 발생하는 유아의 문제 행동에 대해 말하려고 하면,

전에 다니던 교육기관에서는 아무 문제 없었다며 학부모가 교사의 이
야기를 들으려고 하지 않을 때

- 학부모가 상담을 빨리 끝내고 싶어 하면서, 교사의 말에 단답으로 일
관할 때
- 아이를 키워 보지 않아서 잘 모르는 거라며 학부모가 교사를 무시하는
태도를 보일 때
- 학부모가 정해진 상담 시간을 지키지 않아, 다른 학부모와의 상담에
지장을 줄 때
- 다른 유아들은 아랑곳없이 학부모가 오로지 자신의 자녀 위주로 교육
활동이 이루어지기를 바랄 때
- 학부모가 유아에 대한 질문을 전혀 하지 않고, 상담 내내 무관심한 태
도를 보일 때
- 교사에게 반말을 하는 학부모나 교사와 시선을 맞추지 않는 학부모를
만날 때

학부모와 상담을 마치고 나서도 찝찝한 마음이 생기면, 유아의 남은
교육 기간 동안 학부모와 어떻게 상호작용하며 지내야 할지가 교사에
게는 큰 과제로 남는다. 따라서 많은 교사들이 학부모 상담에 좀 더 익
숙해지고 유연하게 대처하기 위해서 상담 관련 연수 이수, 타 교사나
타 유치원의 상담 실제 운영 사례 공유, 정량화된 평가 자료 활용의 개
선 등을 필요로 하고 있다.

학부모에게 교사와의 상담이란

그럼, 학부모는 자녀를 맡고 있는 교사와의 상담을 어떻게 생각할까? 대다수의 학부모는 교사와의 상담이 꼭 필요하다고 생각한다. 그 이유는 학부모가 파악하지 못하고 있는 자녀의 모습을 알고 싶고, 교육 전문가인 교사로부터 자녀의 인지적 발달을 위한 팁을 얻을 수 있다고 생각하기 때문이다. 그런데 어떤 학부모는 굳이 교사와의 상담이 필요하지 않다고 생각하는데, 그 이유는 교육기관이나 교사를 전적으로 믿기 때문이라고 한다. 교사나 학부모 모두 연 2회 정도의 정기적인 상담이 필요하다고 생각하지만, 많은 학부모와 소통해야 하는 교사는 한 번의 상담 시간을 20분 내외가 적당하다고 생각하는 반면, 학부모는 30분 내외의 상담 시간이 적당하다고 생각하고 있었다. 학부모 입장에서는 좀 더 긴 시간을 가지고 교사와 함께 자녀에 대한 여러 가지 정보 공유를 원하고 있는 것이다.

그럼, 학부모는 교사와 어떤 내용으로 상담하기를 원할까?

대부분의 학부모는 자녀의 유치원 생활, 교우관계, 문제 행동 지도 등에 관심을 가지고 있다. 그리고 상담 후에 교사가 제안한 방법을 가정에서 실천해 보거나, 가족과 함께 협의해 보겠다고 한다. 많은 학부모가 상담을 통해 자녀에 대해 궁금했던 점을 하나씩 풀어 나가면서 자녀 교육에 대한 유용한 정보를 제공받고, 자녀의 문제를 해결할 단서를 얻으며, 교사를 더욱 신뢰하게 되어 상담에 만족해 한다. 대부분의 교사는 학부모 상담에 최선을 다하는데, 그런 교사의 마음을 느낀 학부모들은 다음과 같은 상황을 기억에 남는 상담으로 꼽는다.

- 교사가 아이에 대해 정확하게 분석하여 파악하고 있으며, 아이의 성장을 위한 적절한 대안을 제시할 때
- 가정에서는 알 수 없었던 아이의 문제로 당황하는 학부모에게 따뜻한 격려와 위로부터 해 주어 좀 더 편안하고 열린 마음으로 소통할 수 있었고, 아이의 문제 행동에 대한 원인과 해결 방안까지 제안해 주어 교사에 대한 신뢰감이 더 깊어졌을 때
- 부모도 모르던 자녀의 특성을 교사가 구체적으로 설명해 줄 때
- 아이의 개선해야 할 점에 대해 교사가 함께 고민해 줄 때
- 교사가 아이의 사소한 말이나 행동 등을 기억하여 이야기해 줄 때
- 교사가 아이에 대해 애정을 가지고 관찰한 내용으로 이야기할 때 아이를 함께 키우고 있다는 느낌이 들면서, 조력자라는 믿음이 생길 때

그러나 학부모로 인해 불편한 교사가 있는 것처럼, 교사로 인해 불편함이나 속상함을 느끼는 학부모도 있다. 일방적으로 상담 시간이나 상담 일정을 배정하는 교사, 유아에 대한 파악이 안 되어 있는 교사, 상담 내내 사무적인 태도로 일관하는 교사, 자녀의 문제 행동에만 집중하는 교사의 태도 등은 학부모로 하여금 불편한 마음을 갖게 만든다고 한다.

대부분의 학부모는 많은 기대감을 안고 교사와 상담을 한다. 최선을 다해 상담에 임하면서, 자녀에게 많은 관심과 애정을 가지고 있는 교사에게 학부모는 커다란 믿음을 갖게 된다. 상담에 임하는 학부모의 마음과 입장에서 생각해 보고 상담을 준비한다면, 보다 긍정적인 소통의 장을 열어 갈 수 있을 것이다.

학부모 상담의 유형

    학부모 상담의 유형은 다양한 기준에 따라 나뉘겠지만, 여기서는 크게 대면 상담과 비대면 상담으로 나누어 살펴보려고 한다.

    대면 상담은 개별 상담과 집단 상담의 형태로 이루어지고, 비대면 상담은 전화 상담, 사이버 상담, 온라인 다모임 상담 등의 형태로 이루어진다. 보통의 정기적 상담은 대면으로 이루어질 때가 많지만, 학부모나 교사의 상황에 따라 비대면으로 이루어지기도 한다. 특히 최근에는 코로나19와 같은 감염병 예방을 위해 비대면 상담이 늘어나는 추세이다. 여기서는 개별적으로 이뤄지는 대면 상담과 전화 및 온라인으로 이루어지는 비대면 상담의 준비 사항에 대해 알아본다.

대면 상담

정기적 대면 상담은 보통 학기초와 학기말, 연 1~2회 정도 진행된다. 학기초에는 대부분 학부모가 가정에서의 유아에 대한 정보를 교사에게 제공하고, 학기말에는 유아가 유치원 생활을 통해 성장하거나 변화한 내용, 가정에서의 지도 방법 등을 교사가 학부모에게 안내하게 된다. 이렇게 교사와 학부모 사이에 일대일로 이루어지는 대면 상담의 장점은 교사와 학부모의 상호 친밀감을 높일 수 있는 기회가 된다는 것과, 교사 입장에서는 좀 더 밀도 있게 유아에 대한 정보를 얻을 수 있다는 것이다. 또한 유아와 관련한 문제가 발생했을 경우, 학부모와 함께 해결 방안을 직접적으로 모색할 수 있는 기회가 된다. 그러나 교사가 사전에 유아에 대한 기본적인 정보를 제대로 파악하고 있지 못하거나 전문 지식이 부족한 경우, 상담 준비가 제대로 되어 있지 않은 경우에는 대면 상담 시 예상치 못한 학부모의 반응에 당혹스러운 상황이 생길 수도 있다. 우선 상담의 첫 단추가 되는 가장 기본적인 준비 사항부터 알아보자.

몰입도를 높이는 상담 장소 선정

교사와 대화하기 위한 장소로 학부모는 어떤 곳을 선호할까? 다른 사람들의 방해를 받지 않고 대화에 집중할 수 있는 조용한 곳을 원할 것이다. 교실에서는 유아들이 가까이 있는 경우가 많기 때문에 조용히 이야기를 나눌 수 있는 유휴 교실이 있다면 좋겠지만, 상황이 여의

치 않으면 복도에서 상담을 해야 하는 경우도 있다. 이럴 때에는 복도에 칸막이를 설치하고 상담을 진행하는 방법이 있다. 유치원의 환경에 따라 조금씩 다르겠지만, 학부모가 정서적으로 안정감을 느끼고 상담에 몰입하여 편안하게 이야기 나눌 수 있는 밝고 따뜻한 분위기의 장소 선정이 필요하다.

또한 상담의 첫인상이 되는 장소의 청결 상태도 중요하므로, 상담 전에 미리 주변의 쓰레기를 치우거나 쌓인 먼지를 닦아 내어 깔끔한 상태를 유지하도록 하자.

학부모를 위한 세심한 배려, 의자와 책상

보통 유치원의 의자와 책상은 유아가 쓰는 것이므로, 몸집이 큰 어른이 사용하기에는 매우 불편하다. 별것 아니라 생각해 쉽게 지나칠 수도 있지만, 편안한 상담을 위해 교사와 학부모 모두에게 편안한 의자와 책상을 준비해 두는 게 좋다. 만약 교사는 성인용 의자, 학부모는 유아용 의자에 앉는다면 불편할 뿐 아니라, 동등하게 대화한다

는 느낌이 들지 않을 수도 있다. 책상은 간단한 다과나 유아와 관련한 자료를 올려 둘 수 있는 정도면 충분하다. 책상이 너무 작으면 자료를 올려 두기 어려워 불편하고, 너무 크

면 교사와 학부모의 물리적 간격이 커져서 심리적 거리가 생길 수도 있으니, 가능하면 적당한 크기의 책상을 사용하는 것이 좋다. 적당한 책상과 의자가 없는 경우, 교실에 방석을 깔아 두고 좌식으로 상담을 진행하는 방법도 있다.

따뜻한 분위기를 만들어 줄 다과

20여 분 동안 교사와 일대일로 대면하며 대화하는 분위기를 학부모 입장에서는 매우 어색해 할 수 있다. 조금 더 편안하게 이야기할 수 있도록 따뜻한 차 한잔 권하면 어떨까? 그러기 위해서는 미리 따뜻하게 마실 수 있는 차 종류, 찻잔, 커피포트 또는 보온병, 약간의 다과, 다과를 담을 접시와 냅킨 등을 미리 준비해 두는 것이 좋다. 차 대신 시원한 음료수를 권할 수도 있겠지만 한 연구 보고에 따르면, 차가운 음료보다는 따뜻한 음료가 심리적으로 사람의 마음을 편안하게 만들어 준다고 한다. 상담 시간에 맞춰 급하게 온 학부모에게는 차 한잔 마시는 시간이 가쁜 숨을 가다듬고 상담을 할 여유를 만들어 주는 작은 배려가 될 것이다. 이야기를 나누다  보면 약간의 허기가 느껴질 수도 있으므로, 다과를 준비하는 것도 좋다. 간혹 상담을 하면서 유아에 대한 이야기를 나누다가 눈물을 보이는 학부모도 있는데, 책상 위에 미리 티슈를 준비해 놓는 세심함은 더욱 학부모의 마음을 열어 줄 것이다.

반드시 필요한 것은 아니지만, 책상 위에 색깔이 예쁜 꽃이나 식물을 놓아 두면 좀 더 따뜻한 분위기를 만드는 데 도움이 될 것이다.

틈새 배려, 대기 장소

대략 20여 분의 상담 시간이 정해져 있지만, 간혹 20분을 훌쩍 넘겨 계속 이야기하는 학부모로 인해 다음 학부모가 밖에서 기다리고 있거나, 예정 시간보다 일찍 와서 문 앞을 서성이는 학부모도 있다. 이럴 경우 상담 진행 중인 학부모와의 이야기에 집중하기 어렵거나 방해가 될 수도 있고, 다음 상담 예정인 학부모 입장에서는 기다리는 장소가 애매할 수도 있다. 따라서 기다리는 학부모가 편안한 마음으로 앉아서 기다릴 수 있도록 의자와 육아 관련 도서 등을 미리 준비해 두자.

친절함이 묻어나는 상담 장소 안내 표시

유치원에 처음 방문하는 학부모라면, 유치원의 내부 구조를 잘 모르거나 헤매는 경우가 있으므로, 상담 장소를 안내하는 표시판을 미리 만들어 두는 게 좋다. 안내 표시판 안에 간단한 문구도 넣어 주면, 교사를 만나러 유치원까지 방문한 학부모의 마음이 좀 더 유연해질 것이다.

안내판 문구 예시

* 어서 오세요! 담임선생님이 반갑게 기다리고 계세요!

* 미소가 아름다운 학부모님, 담임선생님이 그 미소가 보고 싶으시대요!

* 열린 마음으로 소통하는 날!

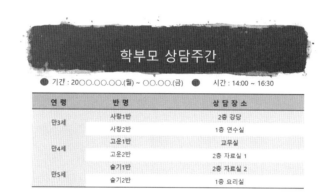

학부모를 배려한 자리 배정

상담을 하기 위해 자리에 앉을 때는 학부모가 출입문을 등지고 앉을 수 있도록 한다. 학부모가 출입문 쪽을 바라보며 상담을 진행할 경우, 출입문 바깥에 미리 와서 기다리는 학부모나 오가는 유아들 등의 다른 사람들로 인해 학부모가 교사와의 상담에 집중하는 데 방해를 받을 수 도 있기 때문이다. 교사와 학부모는 서로 마주 보고 앉거나 90도 각도 로 앉을 수 있는데, 유아의 자료를 함께 보며 편안하게 이야기 나눌 수 있도록 주변 상황이나 환경에 맞게 선택하면 될 것이다.

비대면 상담

학부모의 상황이 여의치 않은 경우에는 대면 상담 대신 비대면 상담으로 진행할 수 있다. 특히 코로나19와 같은 감염병 상황에서는 대면 상담 대신 비대면 상담으로 진행되는 경우가 많으며, 정기적 상담이 아닌 경우 상시적으로 상담이 필요할 때에도 비대면 상담으로 진행되는 경우가 많다. 대면 상담과 달리 비대면 상담은 특별히 준비할 것이 없다고 생각할 수도 있지만, 비대면 상담 또한 미리 준비해 두고 유의해야 할 것들이 많다. 그럼, 비대면 상담은 어떤 형태로 이루어지며 어떤 점에 유의해야 할까?

전화 상담

전화 상담은 시간과 공간의 제약이 적고, 대면에서 오는 긴장감이나 어색함을 줄일 수 있다. 하지만 목소리만 들으며 대화를 하기 때문에 얼굴 표정이나 감정 등을 정확히 알 수 없어서, 대화가 단절되거나 오해가 생길 수도 있다. 전화 상담을 진행할 때에는 먼저 상담의 목적을 간단히 이야기한 후, 학부모의 정서적 반응을 잘 알아차려 공감하며 적절하게 대응하는 것이 필요하다. 전화 상담을 좀 더 효율적으로 진행하기 위해서 다음과 같은 방법들을 활용해 보면 어떨까?

① 유치원에서 활동하는 유아의 사진을 카톡이나 문자로 학부모에게 전송하고, 아이의 행동에 대해 유추하도록 하며 이야기를 나눈다.

신체운동 및 건강

의사소통

사회관계

예술경험

자연탐구

② 유아가 가정에서 한 일들 중에 칭찬하거나 자랑할 만한 일을 교사에게 카톡이나 문자로 전송하도록 요청하고, 그 내용을 토대로 교사와 학부모가 유아의 성장에 필요한 이야기들을 나눈다.

③ 유치원 현관 입구에 '고민 우체통'을 만들어 두어, 자녀에 대한 고민이 있는 학부모가 교사에게 고민 편지를 보낼 수 있도록 한다. 학부모의 고민을 토대로 교사는 상담을 진행할 수 있다.

이러한 방법들은 비대면 상담뿐 아니라, 대면 상담을 위한 팁으로도 활용될 수 있다.

학기초와 학기말 전화 상담 예시

구분	교사	학부모
학기초 전화 상담 예시		
상담 취지 안내	- (인사) 안녕하세요? ○○이 부모님, 예정된 시간대로 1학기 전화 상담을 시작하도록 하겠습니다. - (취지) 학기초 상담이라 ○○이에 대한 정보를 부모님께 많이 듣고 ○○이가 잘 성장할 수 있도록 함께 연계하여 지원하고자 합니다. - (비밀 유지 및 시간 공지) 오늘 상담 내용은 비밀이 유지되며, 상담은 20분간 진행하도록 하겠습니다.	
유치원 생활 적응	- ○○이를 제가 살펴보고 ○○이랑 이야기했을 때는 유치원에 오는 것이 좋고 즐겁다고 하네요. ○○이가 유치원에서 놀이나 활동에 적극적으로 참여하면서 즐거워하는 모습을 많이 보이는데, ○○이가 부모님께는 어떻게 이야기하는지 궁금해요.	- 가정에서도 ○○이가 유치원이 즐겁다고 말을 하네요.
유아의 장점	- ○○이의 칭찬하고 싶은 점이 있다면 이야기해 주시겠어요? - 그렇군요. ○○이가 자유놀이가 끝나면 교사가 따로 말하지 않아도 스스로 정리를 잘해요. 뿐만 아니라 친구들도 잘 도와준답니다.	- 네. ○○이는 정리 정돈을 잘해요.
유아에게 바라는 점	- 그럼, 이번에는 ○○이에게 바라는 점이 있다면 무엇일까요? - 예를 들어 언제 인사를 안 하는지 구체적으로 말씀해 주실 수 있을까요? - 아, 그렇군요. 그럼, 가정에서는 어떻게 지도하시나요? - ○○이가 왜 인사를 안 한다고 하는지 알 수 있을까요?	- 인사를 잘 안 해요. - 유치원 원장선생님이나 선생님들에게 인사를 안 하고 지나쳐요. - "인사해야지!" 라고 시켜요. - 제가 물어보면 부끄럽다고 말해요.

	- 맞아요. ○○이가 저한테는 인사를 잘하는데 아직까지 낯설어서 그런지 원장선생님이나 다른 선생님들께는 인사를 잘 안 한다고 하네요. 제가 유치원에서 ○○이에게 인사를 잘할 수 있도록 도와주고 있는 방법에 대해 안내해 드려도 될까요? - ○○이는 성격상 내성적인 아이여서 인사에 대한 부담감이 클 수 있어요. 스스로 가까운 사람과 인사할 때, 잘했다는 칭찬을 하면서 조금씩 자신감을 가지도록 하는 것이 좋을 것 같습니다.
교사에게 바라는 점	- 궁금하신 점이나 교사에게 바라시는 점이 있을까요?
상담 마무리 및 소감	- 학기초 어머님과 직접 만나 뵙고 상담하면 더 좋았을 텐데 여러 사정으로 인하여 전화로 상담을 진행하게 되어서 아쉬운 마음이 있네요. 어머니는 오늘 상담해 보신 소감이 어떠신가요? - 첫 상담을 통해 소중한 ○○이에 대해 더 많은 정보를 알게 되어서 ○○이를 지도하는 데 큰 도움이 되었습니다. - 바쁘신 데도 불구하고 시간 내주셔서 감사하고 ○○이의 성장을 위해 함께 노력해 가면 좋겠습니다. - 언제든지 편하게 전화 주시면 좋겠습니다. 건강하시고 행복하세요.

학기말 전화 상담 예시		
구분	교사	학부모
상담 취지 안내	- 안녕하세요? ○○이를 만난 지 벌써 1년이 다 되어 가네요. 오늘 상담은 ○○이의 성장 발달 내용에 대해 이야기를 나누는 시간입니다. - 상담 내용은 비밀이 유지되고 상담은 20분 동안 진행됩니다.	- 우리 아이가 선생님을 만난 지 엊그제 같은데 어느덧 학기말이 되었네요.
학기초와 비교하여 성장한 점	- 부모님이 보셨을 때 ○○이가 유치원 생활을 하면서 학기초와 비교하여 어떤 점이 가장 많이 좋아졌다고 생각하시나요?	- 예전에 비해 더 많이 활발해지고, 어른을 만나면 먼저 인사를 한답니다.
유치원 생활 안내	- 맞아요. ○○이가 학기초에 비해 더 많이 밝아지고, 친구들과 사이좋게 지내며 인사도 잘하고 있답니다. 이러한 ○○이의 유치원 생활을 2019 개정 누리과정의 5개 영역을 바탕으로 구분하여 안내해 드리겠습니다. - 신체 및 건강에서는 요가 및 강당에서 대근육 놀이를 할 때 수월하게 참여하며, 종이접기와 같은 소근육 활동도 적극적으로 수행하고 있어요. 의사소통 부분에서도 자신의 의사를 잘 표현하며 책 읽기와 편지 쓰기를 좋아해요.(중략) - ○○이의 유치원 생활을 들어 보니 어떠세요?	- 선생님께서 저희 아이를 자세히 관찰해 주셔서 감사합니다. 선생님의 이야기를 들어 보니 ○○이가 잘 생활하고 있네요.
유아 인터뷰 소개	- 이 외에도 ○○이의 속마음을 알기 위해 인터뷰를 실시했답니다. 인터뷰 때 ○○이가 부모님께 주고 싶은 선물은 무엇이라고 했을까요?	- 어머, 저희 아이가 이런 생각도 했군요.
상담 마무리 및 소감	- 오늘 학기말 상담을 하면서 ○○이가 많이 성장했다는 것을 다시 한 번 느낄 수 있었습니다. 또 남은 기간 동안 ○○이와 어떻게 지내면서 도움을 줄 수 있을지 생각하게 되는 시간이었습니다. 부모님은 어떠셨나요? - 혹시 저에게 바라는 점이 있다면 말씀해 주시기 바랍니다. - 귀한 시간 내주셔서 감사합니다. 그럼 전화 상담을 마치도록 하겠습니다.	- 저는 선생님께 바라는 점은 없고, 지금처럼만 해 주시면 될 것 같아요. 정말 감사합니다.

오픈채팅방을 활용한 소통

학부모와의 소통 시, 반 전체 공지 사항이나 전달 사항을 일일이 개별적으로 연락하기 번거로울 때, 개별 문자로는 학부모의 문자 확인 여부를 알 수 없을 때 오픈채팅방을 활용하는 방법이 있다.

① 오픈채팅방 이용의 장점

첫째, 개인정보보호가 가능하다. 오픈채팅방을 이용하면 교사, 학부모의 프로필 및 연락처를 공개하지 않아도 된다. 또한 프로필 이름 변경도 가능하다. 오픈채팅방을 잘 활용하면 방 관리도 수월하게 할 수 있다.

둘째, 전체 공지 및 안내가 수월해진다. 개별 문자로 보내면 확인 여부가 어렵고 같은 내용을 여러 번 안내해야 하니 번거로울 수 있다. 단체 채팅방에서 한 번만 안내하면 되므로 시간을 절약할 수 있다.

셋째, 전체 의견 수렴 시 편리하다. 유아 이름을 기재해 두어서 투표할 때나 설문조사 및 의견을 수렴할 때 용이하다.

오픈채팅방 개설 방법

▲ 앱을 열어 채팅 메뉴로 들어가 우측 상단의 말풍선 모양을 누르고 오픈채팅을 선택한다.

▲ 만들기를 누르고, 그룹 채팅방을 선택한다.

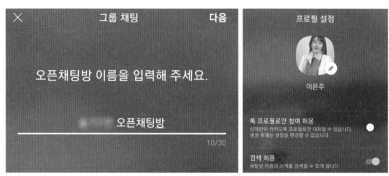

▲ 오픈채팅방 이름을 입력하고, 프로필 설정을 한다.

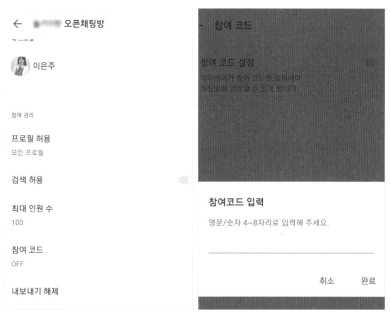

▲ 오픈채팅방 설정으로 들어가 참여 인원수와 참여 코드를 설정하고, 학부모에게 참여 코드 번호를 안내한다.

② 오픈채팅방 이용 시 유의점

오픈채팅방 이용 시에는 외부 유출 방지를 위하여 참여 코드를 설정해 두어야 한다. 또한 학부모에게 링크 공유 시 참여 코드 번호를 꼭 안내한다.

톡방에 사적인 내용을 올리거나 시간 제한 없이 아무 때나 게시물을 올리는 경우에는 오픈채팅방이 본래 취지와 다르게 흘러갈 수 있다. 따라서 교사는 사전에 채팅방 원칙 및 이용 방법, 이용 시간을 확실히 안내하여 취지에 맞는 오픈채팅방이 운영되도록 한다.

(예) 채팅방 이용 원칙 및 방법 - 사적인 내용 금지, 서로 존중하는 언어 사용하기, 개인적으로 궁금한 내용은 개인 톡 이용 바람 등 / 이용 시간 오전 7시~오후 7시)

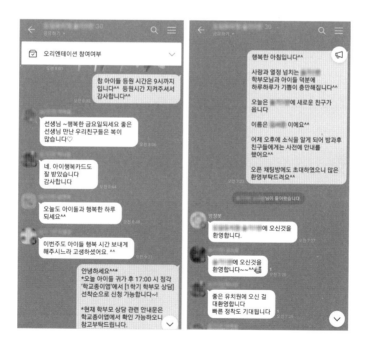

온라인 대(多)모임

유치원 상황이나 여건에 따라 연 1~2회 또는 월 1회 정도 다수의 학부모와 소통하는 학부모 다모임을 진행할 수 있다. 학부모 다모임은 상호 소통으로 학급에 대한 정보를 나누고, 자녀의 문제 및 성장 방향을 함께 모색해 가는 좋은 기회가 된다. 이러한 학부모 다모임은 일대일 개별 상담처럼 특정 학부모와 유아의 문제에 대해 직접적이고 구체적인 상담이 이루어지지는 않지만, 교사뿐 아니라 학부모 모두가 집단 지성을 발휘하여 자녀들의 문제에 대해 각자의 생각을 나누며 공감대를 형성하고 서로에게 긍정적인 역할을 할 수 있다. 일대일 개별 상담을 부담스러워하는 학부모의 경우, 학부모 다수가 모인 자리에서 좀 더 편안하게 대화할 수 있도록 이끈다는 장점이 있다.

학부모 다모임을 진행할 때 교사 입장에서는 다수의 학부모를 만나는 것에 대한 부담과 긴장감이 생길 수도 있지만, 학급 전체에 안내할 사항이나 협의할 사항을 한 번에 나눌 수 있기 때문에 훨씬 효율적이다. 또한 학부모 다모임을 잘 운영한다면 학부모가 유치원 교육과정에 참여하도록 함으로써 함께 협력하여 유아의 성장을 이끌어 낼 수 있다.

학부모 다모임에서 학부모가 유치원에 바라는 점이나 만족스러운 점, 앞으로의 개선 방향 등에 대해 의견을 편안하게 나눌 수 있도록 준비한다. 감염병 예방이나 맞벌이가정 등의 이유로, 대면 학부모 다모임 대신 온라인으로 다모임을 할 수도 있다. 실제 대면 모임만큼의 분위기를 형성할 수는 없겠지만, 시간과 공간의 제약을 덜 받기 때문에 좀 더 유연하게 운영할 수 있다는 장점이 있다.

온라인으로 다모임을 할 경우에는 교사와 학부모들의 협의하에 가장 적절한 시간대를 정해 1시간 정도 운영하는 것이 적당하다. 사실, 각각 다른 성격과 기질을 가진 학부모들을 동시에 만나 소통하는 것이 그리 쉬운 일은 아니다. 따라서 원활한 진행과 협의를 위한 원칙을 미리 세워 두는 것이 필요하다.

원활한 소통을 위한 협의 원칙 예시

🌿 행복한 유치원을 만들기 위한 우리의 원칙 🌿

1. 우리는 서로 배려하며 존중합니다.
2. 상담의 기본 원칙인 비밀 유지를 준수합니다.
3. 우리는 서로를 위로하고 함께 성장합니다.

그럼, 온라인 학부모 다모임을 원활하게 진행하기 위해서는 어떤 것들을 미리 준비하고, 어떻게 진행하면 좋을까?

① 사전 안내

일주일 전쯤, 온라인 학부모 다모임에 대한 안내문을 발송하거나 전화 또는 온라인 단체 채팅방을 통해 사전 안내를 하고, 전날 한 번 더 공지한다.

🌿 ○○반 온라인 다모임 안내 🌿

다음 주에는 학급과 유아들의 올바른 성장을 위해 학부모 다모임을 실시하고자 합니다. 학부모님들의 많은 참여 부탁드립니다.

- **대상** : ○○반 학부모님
- **일시** : ○○○○. ○. ○.(시)
- **내용** : 학급 운영 안내 및 협의
- **방법** : Zoom 회의 참가
- https://us02web.zoom.us/j/89651494707?pwd=NnpGc0dMS0NFZHFLM3psdXYzVk9lUT09
  회의 ID: 896 5149 4707 암호: 1234abc
- **준비물** : 줌(ZOOM) 앱을 미리 다운받아 주세요. 편한 마음, 필기도구
- **협조 사항**
  1. 멋진 부모님의 얼굴을 보고 대화 나누고 싶습니다. 비디오를 꼭 공개로 설정해 주세요.
  2. 온라인 다모임 시간 5분 전에 모두 들어오셔서 제시간에 진행될 수 있도록 도와주세요.
  3. 집 안에서 들려오는 생활 소음으로 인해 다른 분의 이야기가 들리지 않을 수 있습니다. 음소거 꼭 잊지 마세요!
  4. 모두가 소중한 존재이니 따뜻한 말과 눈빛 부탁드려요.

② 다모임 목표 설정 및 자료 준비

온라인 학부모 다모임에 앞서, 교사는 다모임의 목표를 확실히 해두어야 한다. 다모임을 통해 학부모들의 응집력을 높이기 위함인지, 유아에 대한 좀 더 구체적인 정보를 얻기 위함인지, 교사의 교육철학에

대한 학부모의 이해를 높이기 위함인지 등의 목표를 확실히 하고 그에 맞는 자료를 준비해야 다모임에 참여하는 학부모들도 혼란스럽지 않다. 다모임 목표를 설정했다면, 온라인 다모임을 위한 각종 자료들을 준비한다. 예를 들어, 이미 알고 있는 유아들의 이름이라 해도 막상 다모임 상황에서는 기억이 안 날 수도 있으므로, 미리 유아들의 명렬표를 준비해 두면 좋다. 특히 온라인으로 접속했을 때, 학부모의 닉네임을 [자녀 이름(관계)]로 고치도록 미리 안내하면 초반의 혼란을 줄일 수 있다. 이런 안내 자료는 PPT 등으로 간단하게라도 만들어 놓으면 유용한다.

줌 접속 예시

'참가자 보기'에서 자신의 이름 위에 커서를 올려놓으면 '더 보기'가 나옵니다. '더 보기'를 클릭한 후 '이름 바꾸기'를 통해 [자녀 이름(관계)]로 바꿔 주세요.

또한 유아의 장점 한 가지씩을 미리 표로 정리해 둔다. 학부모로부터 예상하지 못한 질문을 받았을 때 유아의 장점으로 이야기를 풀면 좀 더 원활하게 소통할 수 있다. 평소 잘 알고 있던 유아의 장점이라 해도, 갑작스러운 질문을 받으면 생각이 나지 않을 수도 있으므로, 이러한 자료들을 사전에 미리 준비해 두는 것이 좋다.

다모임을 진행하기에 앞서, 사전에 진행 시나리오를 미리 써 보는 것도 도움이 된다.

③ 순서에 따른 진행 및 마무리

준비를 마치고 진행 시나리오까지 짜 두었다면, 침착한 마음으로 다
모임을 진행한다.

진행 순서 예시

- 인사 나누기
- 유아들의 놀이 소개 및 가정에서 칭찬해 줄 점 안내하기
- 학급의 궁금한 사항 및 개선 방향에 대한 이야기 나누기

  (학부모들의 의견을 대화로 나눌 수 있지만, 패들렛이나 채팅창을 활
  용하여 나눌 수도 있다.)

온라인 다모임이 어느 정도 진행되었다면, 학부모들의 이야기를 듣
고 마무리한 것을 정리하고 기록하여 공지한다.

상담에 앞서 고려할 점

모든 학부모 상담 진행에 필요한, 아주 기본적이면서도 쉽게 지나칠 수 있는, 그러나 반드시 고려해야 할 몇 가지 사항이 있다.

서로를 존중하는 마음

학부모와 교사의 소통은 학부모, 교사라는 역할을 넘어, 사람과 사람의 만남이기에 상대방에 대한 존중의 마음을 바탕으로 해야 한다. 교사가 먼저 학부모와 눈을 맞추고 고개를 끄덕이며 반응할 때, 학부모에게는 따스함으로 다가갈 것이다. 또한 학부모로서 지켜 주어야 할 에티켓에 대해서도 안내를 해 둔다.

<학부모님이 지켜 주셔야 할 상담 에티켓>
★ 아이의 성장에 도움이 되는 상담이 되도록 함께 노력해요 ★

1. 정해진 시간을 지켜 주세요.
   혹 20분의 시간이 아쉬운가요? 죄송해요. 다음 학부모님이 기다리고 계세요.
   정기적인 상담 외에도 소통할 수 있는 기회는 많이 드릴게요.
2. 자녀에 대한 이야기를 들려주세요.
   다른 아이와 비교하지 말고 자녀의 잘하는 점, 아쉬운 점 등을 교사에게 알려 주시면 자녀가 더 많이 성장할 수 있도록 도와드릴게요.
3. 담임교사도 누군가의 소중한 가족입니다. 교사에 대한 예의를 지켜 주세요.
   교사의 사생활, 나이, 경력 등에 대한 질문은 교사를 불편하게 할 수도 있습니다.

유아에 대한 구체적인 정보 제공

학부모들은 자녀의 유치원 생활을 매우 궁금해 한다. 학부모 입장에서는 아이가 전하는 말을 통해 추측할 수밖에 없기 때문에, 불필요한 추측이나 오해가 없도록 교사가 학부모에게 유아의 유치원 생활에 대해 보다 상세하게 설명할 필요가 있다. 유아의 기본생활습관, 교우관계, 발달 특성 등을 잘 관찰하고 기록하여, 글, 사진, 그림, 동영상 등의 포트폴리오로 제공하는 방법도 있다.

학부모 요구에 대한 적절한 대처

교사라고 해서 담당 반의 모든 일을 해결할 수 없고, 학부모의 요구 사항을 모두 반영할 수도 없다. 교사로서 할 수 있는 일과 할 수 없는 일을 명확히 하고, 학부모 상담 시 이런 부분들에 대해 안내한다. 교사로서 실수하는 일이 생긴다면, 확실하게 인정하고 사과를 하면 된다.

예시

교사로서 할 수 있는 일	교사로서 할 수 없는 일
• 상담 일정 확인 및 안내 : 상담 일정 및 시간은 2주 전에 미리 안내하고, 하루 전이나 당일에 다시 안내한다. • 맞벌이, 조손가정 등 다양한 상황을 파악하고 배려하여, 가정통신문 외에 전화, 문자 등 다른 방법으로도 안내하고 재차 확인한다.	• 한 유아에게만 집중하여 개별 지도할 수 없는 상황을 알린다. • 반을 바꿔 달라, 특정한 친구를 지목하여 그 아이와 놀지 않게 해 달라 등의 학부모 요구는 받아들이기 어려우므로, 요구를 무조건 수용하기보다는 유아를 위한 적절한 대안을 학부모와 함께 모색한다.

만약 학부모가 자녀에 대한 특별한 집중 지도를 요구한다면, 교사는

모든 유아들을 똑같이 존중해야 하며 한 유아만 특별하게 지도하기 어려운 상황에 대해 설명한다. 그리고 자녀에 대한 학부모의 고민을 충분히 들어 주며 함께 의견을 나누고 해결 방법을 모색해 본다. 추후 교사로서 유치원에서 노력하고 실천한 부분의 내용과 결과를 학부모와 공유한다.

유치원 학부모 상담의
실제

유치원에서 이루어지는 학부모 상담이 왜 중요한지 알아보았고, 교사와 학부모가 바라는 상담을 통해 그 접점과 의미를 살펴보았다. 또한 학부모 상담 유형별로 준비할 사항들과 고려해야 할 것들에 대해서도 짚어 보았다.

이제부터는 실제 학부모 상담의 준비부터 상담 과정, 상담 이후에 대해 자세히 알아보자. 학부모 상담의 운영 과정과 흐름을 머릿속에 그려 보는 것만으로도 상담에 대한 자신감을 얻을 수 있을 것이다.

시작이 반, 계획부터 꼼꼼하게

문서 작성

동료 교사들과 함께 상담할 시기, 상담 시간과 장소, 대략적인 상담 내용, 가정통신문 발송 시기, 준비물, 상담 자료 등을 어떻게 할 것인지 미리 의논하여 문서로 작성해 둔다.

학부모 상담 계획서 기안문 예시

○○○○원

수신자 내부 결제

(경유)

제 목 20○○학년도 1학기 학부모 상담 주간 운영 계획

---

1. 관련 : ○○유아교육기관-○○○(20○○.○○.○○)
2. 20○○년도 1학기 학부모 개별 상담을 다음과 같이 계획하여 실시하고자 합니다.
   가. 기간 : 20○○.○○.○○.(월) ~ ○○.○○.(금)
   나. 시간 : 14:00 ~ 16:30
   다. 장소

연령	반명	상담 장소
3세	사랑1반	2층 강당
3세	사랑2반	1층 연수실
4세	고운1반	교무실
4세	고운2반	2층 자료실 1
5세	슬기1반	2층 자료실 2
5세	슬기2반	1층 요리실

라. 방법 : 코로나19 감염 예방을 위해 전화 상담으로 운영

붙임 1. 20○○학년도 ○학기 학부모 개별 상담 운영 계획서 1부.
      2. 20○○학년도 ○학기 학부모 개별 상담 가정통신문 1부. 끝.

상담 일정과 상담 시간 정하기

유치원 환경이나 학부모의 요구 등을 고려하여 상담 일정을 정한다. 상담 가능 장소 부족 등 유치원마다 상황과 여건이 다를 수 있으니, 상담 일정은 2주, 3주, 한 달 등 유치원 상황에 맞춰 유연성 있게 정한다. 맞벌이가정의 자녀들이 같은 유치원을 다니는 경우, 학기초 연간 계획 시 미리 공지해 같은 날 상담이 이루어질 수 있게 배려해도 좋다.

학부모와의 상담 시간은 보통 20분 정도 실시하고, 쉬는 시간을 10분 정도로 설정한다. 10분 동안 앞서 한 상담 내용을 정리하고, 다음 상담에 필요한 자료를 미리 준비해 둔다. 학부모에 따라 20분이라는 상담 시간이 길 수도 있고 짧을 수도 있는데, 학부모에게 정해진 상담 시간을 잘 지킬 수 있도록 사전 안내를 해 둔다.

학부모 상담 시간표 예시

🌿 **상담 일정표** 🌿

○○반

	○○일(월)	○○일(화)	○○일(수)	○○일(목)	○○일(금)
14:00~14:20					
14:30~14:50					
15:00~15:20					

15:30~15:50					
16:00~16:20					

사전 조사 및 안내

학부모마다 상황이 다르므로, 개별적으로 원하는 상담 시간을 먼저 조사하여 조율한다. 교사에 따라 임의로 상담 일정을 배정하여 학부모에게 통지하기도 하는데, 자신의 의사를 분명히 밝히지 못하는 학부모의 경우 그대로 수용할 수도 있지만 보이지 않는 불만이 쌓일 수 있다. 조율의 과정이 어렵더라도, 우선 학부모의 의사를 알아보고 시간 배정을 하려는 노력이 필요하다.

상담 일정 안내는 인쇄하여 전달해도 되지만, '학교종이, 클래스팅, 키즈 노트' 등의 앱을 이용하여 편리하게 전달할 수도 있다.

학부모가 보내 온 상담 신청 결과를 살펴본 후, 상담을 신청하지 않은 학부모에게는 개별적으로 연락하여 그 이유를 확인해 보는 것이 필요하다. 상담을 원하지 않거나 필요하지 않아서 신청하지 않는 경우도 있지만, 상담 날짜나 시간이 학부모의 상황과 맞지 않아 신청하지 않거나, 신청 기한을 놓치는 경우도 있기 때문이다. 따라서 교사는 사전에 상담 여부를 반드시 체크하고 다시 한 번 확인하여, 최대한 학부모가 제날짜에 상담할 수 있도록 지원한다.

학부모 상담 주간 안내	발　행 : ○○유아교육기관 홈페이지 : 전　화 :

항상 학부모님의 관심과 협조에 감사드리며 가정에 건강과 행복이 가득하기를 기원합니다.

본원에서는 1학기 유아의 정서적 안정과 유아교육기관 적응력 향상을 위한 학부모 개별 상담을 실시하고자 합니다. 교육은 가정과 유아교육기관, 나아가 사회가 하나 되어 함께 고민하고 협력해 나갈 때 그 효과가 극대화되리라 믿습니다. 이에 학부모님과 교사가 대화를 나눌 수 있는 귀중한 시간이 될 수 있도록 다음 내용을 확인하시어 상담을 원하시는 시간을 <u>○월 ○○일(○)</u>까지 학교종이 앱에 신청하여 주시기 바랍니다.

1. 상담 기간 : 20○○. ○. ○○.(월) ~ ○. ○○.(금)

2. 상담 방법 : 방문 상담 또는 전화 상담

3. 상담 교원 : 각 학급 담임

4. 상담 신청 방법 : 학교종이 앱 설문조사

5. 상담 장소

연령	반명	상담 장소
3세	사랑1반	2층 강당
3세	사랑2반	1층 연수실
4세	고운1반	교무실
4세	고운2반	2층 자료실 1
5세	슬기1반	2층 자료실 2
5세	슬기2반	1층 요리실

※ ○월 ○○일 ~ ○○일은 상담 시간을 18:50까지 운영하고 있으니 선택에 참고 바랍니다.

※ 상담 날짜 및 시간 선택은 학교종이 앱을 통하여 <u>선착순이며 중복 신청은 불가</u>합니다.

※ 상담 시간은 담임교사 수업 시간을 고려하여 13:30 이후 실시하고, 부득이하게 17:00 이후 상담이 필요하신 학부모님께서는 담임선생님께 연락 바랍니다.

20○○. ○○. ○○.

○○○○ 장

유아에 대한 정보 수집

교사와 학부모 모두가 만족하는 상담을 위해 교사는 무엇보다 유아들의 성향 및 발달 특성, 행동 특징 등을 주의 깊게 관찰해 잘 파악해 두어야 한다.

학부모 상담 중에 학부모가 "저희 아이가 왼손잡이라서 친구들과 함께 그림 그리거나 식사할 때 불편함이 없나요?"라고 물었는데, 아이가 왼손잡이인지 오른손잡이인지 단번에 떠오르지 않아 당황하는 표정을 짓는다면, 학부모는 마음속으로 '한 학기가 다 되어 가는데 우리 선생님은 아이에 대해 잘 모르시는구나.'라고 생각할 수도 있다. 교사가 유아들을 완벽하게 파악할 수는 없지만, 사전에 상담 질문지를 바탕으로 예상되는 학부모들의 궁금 사항을 파악해 두고, 그 외에도 놓치고 있는 것은 없는지 검토하고 관찰하여 추가적으로 유아들에 대한 사항을 기록해 둔다.

그런데, 학기초에 정기 상담이 이루어지는 경우, 유아를 충분히 관찰할 시간이 부족한 데다가 학급 유아 관리 및 기타 업무가 많아 별도로 유아들을 관찰하며 상담 자료를 만들기는 벅차고 힘들 수 있다. 수업 활동 시 진행되는 놀이를 통해, 별도의 시간을 투자하지 않고도 유아의 특성을 파악하면서 놀이 활동 결과 자료를 상담에 활용할 수 있다. 이러한 자료를 포트폴리오로 꾸준히 만들어 두면, 2학기에 1학기와는 달라진 아이의 성장 발달 과정을 파악하며 지원하는 데에도 큰 도움이 된다.

미술 놀이로 유아들의 마음 알기

아직은 자신의 느낌이나 생각을 언어로 표현하는 게 어려운 유아들이 즐겁게 참여할 수 있으면서도, 유아들의 마음이나 발달 수준을 쉽게 파악해 볼 수 있는 것이 바로 미술 활동이다. 유아가 좋아하는 사람, 물건, 동물, 가족 등을 그려 보게 하고, 종이를 오려 붙이거나 색을 칠해 보는 과정 등을 통해서 유아들을 살펴볼 수 있다. 이러한 자유로운 미술 활동은 무의식적으로 억압된 감정을 표출하게 하여 정서적·심리적 안정을 얻는 효과도 있다.

미술 놀이 예시

- 준비물 : 도화지, 색연필, 사인펜
- 활동 방법
- 유아들과 가족에 대해 손가락 인형으로 이야기를 나눈다.

"안녕, 난 또순이야. 우리 집에는 아빠, 엄마, 동생 그리고 내가 살고 있어. 너희들은 누구와 살고 있는지 그림으로 그려서 소개해 줄래?"

- 유아들에게 가족을 그려 보도록 한다.
- 유아들이 그림을 그릴 때 교사는 유아들의 표정, 감정 변화 등의 모습을 잘 관찰하여 관찰지에 기록해 둔다.
- 완성된 그림을 가지고 유아들과 개별적으로 대화를 나눠 본다. 이때 다른 유아들과 약간 떨어진 곳에서 그림 속 유아가 있는 곳은 어디인지, 어떤 가족들이 있는지, 무엇을 하고 있는 모습인지 등등에 대한 이야기를 나누어 본다.
- 모두 모여 자신의 가족을 소개하는 시간을 가진다.

유아가 그린 가족 그림 속에서 가족들 간의 위치, 거리, 크기 등을 살펴보면, 유아가 좀 더 친밀감을 느끼는 가족을 추측해 볼 수 있다. 예를 들어, 가족 중에 그리지 않거나 얼굴이 보이지 않게 뒷모습만 그린 경우라면, 해당 가족과의 관계가 원활하지 못하거나 존재감을 잘 느끼지 못하는 것일 수도 있다. 그러나 이러한 그림으로 유아의 상황을 단정 지을 수는 없다. 아이의 상태나 감정에 따라 그림은 달라질 수 있으므로 섣불리 유아를 평가하지 않도록 유의한다. 이러한 그림은 유아를 파악하는 데 하나의 자료가 될 뿐이므로, 꾸준한 대화와 관찰 등을 통해 다각도로 유아를 파악하는 노력이 필요하다.

유아의 가족 그림 등을 토대로 학부모 상담 시 대화를 이어 나갈 수 있다. 자녀의 그림을 보고 난 후 학부모의 생각이나 감정 등에 대해 이야기 나눌 수 있다.

▲ 유아들이 그린 가족 그림

그림책으로 유아들과 소통하기

유아들은 그림책 속 주인공들에게 자신의 상황과 감정을 투영하며 이해하고 공감한다. 그림책에 나오는 문제 상황에 대해 유아들과 이야기를 나누는 과정을 통해 타인의 마음을 이해하고 문제를 해결하는 힘을 기를 수도 있다. 예를 들어, 그림책 속 주인공이 화가 난 상황이라면, 유아들에게 주인공처럼 화가 날 때는 언제인지, 그럴 때에는 어떻게 행동하는지 이야기를 나눠 볼 수 있다.

유아들은 화가 나는 상황을 '친구가 장난감을 빼앗아서', '친구가 때려서', '엄마에게 혼나서', '동생과 싸워서' 등으로 이야기하고, 그럴 때에는 '울어요', '참아요', '동생을 때려요' 등으로 말하는데, 이러한 유아의 말이나 행동 등은 학부모 상담 시 자료가 될 수 있으므로 잘 기록해 둔다.

그림책 활동 예시

- 준비물 : 그림책《선생님은 싫어하고 나는 좋아하는 것》, 색연필, 종이, 잡지책

- 활동 방법

-《선생님은 싫어하고 나는 좋아하는 것》그림책을 읽어 주고 이야기를 나눈다.

- '내가 좋아하는 것과 싫어하는 것'에 대해 서로 이야기를 나누어 본다.

- 유아들이 각자 좋아하는 색깔의 색연필로 색칠하거나 색종이를 찢어서 붙여 본 다음 친구들에게 소개한다.

- 이 외에도 친구와 선생님이 좋아하는(싫어하는) 음식/ 놀이/ 말/ 행동 등을 전이시간에 한 가지씩 이야기 나누어 본다.

- 유아들은 자신이 좋아하는 것과 싫어하는 것, 선생님이나 친구들이 좋아하는 것과 싫어하는 것에 대해 이야기 나누면서, 자신이 생각하고

느끼는 것이 다른 사람들과 같을 수도 있고 다를 수도 있다는 것을 알게 된다.

그림책 활동을 통해, 유아에 대해 새롭게 알게 된 정보들이 학부모도 미처 알지 못했던 내용들일 수 있으므로, 잘 기록해 둔다면 학부모 상담 시 자료로 활용할 수 있다.

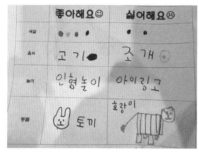 

▲ 유아들이 좋아하는 것과 싫어하는 것

유아 인터뷰로 가까이 다가가기

미술 놀이나 그림책 활동을 통해 유아와 소통할 수 있지만, 인터뷰를 통해 직접적으로 소통할 수도 있다. 학부모 상담 이전에 일정 기간 동안 유아 자신에 대한 이야기, 가족이나 친구와의 관계에 대한 이야기 등을 구체적으로 나눠 본다. 관찰을 통해 유아를 파악할 때 교사의 기준으로 유아를 바라보거나 판단할 수도 있는데, 유아와 개별적으로 이야기를 나눠 보면 교사가 생각지도 못한 이야기를 들을 때가 의외로 많다. 유아 인터뷰는 관찰뿐 아니라 다른 놀이 활동과 더불어, 유아를 종합적으로 파악하는 데 필요한 상담 자료가 된다. 유아 개별 인터뷰는 자유 놀이 시간이나 식사 후 놀이 시간 등을 활용하여 유치원 상황에 맞게 약 2주 동안 진행한다.

유아 인터뷰지 예시

🌿 유아 인터뷰 - 나에 대한 이야기 🌿

실시 일 : 20 년 월 일 ~ 월 일   이름 :

질문 내용	질문에 대한 유아의 대답
1. 내가 가장 기쁠 때는?	
2. 내가 화가 날 때는?	
3. 화가 많이 나면 어떻게 해야 할까요?	
4. 나의 자랑거리는?	
5. 내가 어른이 되면 무엇을 하고 싶나요?	
인터뷰에 참여한 유아의 모습에 대한 교사의 의견	

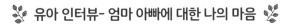

🌿 유아 인터뷰– 엄마 아빠에 대한 나의 마음 🌿

실시 일 : 20 년 월 일~ 월 일   이름 :

질문 내용	질문에 대한 유아의 대답
1. 우리 엄마(아빠)의 자랑 거리는?	

2. 우리 엄마(아빠)가 평소
  에 나에게 가장 많이 하는
  말은?	

3. 우리 엄마(아빠)가 가장 좋아하는 물건은?	
4. 엄마(아빠)에게 가장 해 주고 싶은 선물은?	
5. 엄마(아빠)와 꼭 하고 싶 은 것은?	
인터뷰에 참여한 유아의 모습에 대한 교사의 의견	

🌿 유아 인터뷰- 친구와의 관계 🌿

실시 일 : 20 년 월 일 ~ 월 일 이름 :

질문 내용	질문에 대한 유아의 대답
1. 내가 좋아하는 친구는?	
2. 친구가 좋을 때는?	
3. 친구와 함께 하고 싶은 놀이는?	
4. 친구가 나에게 어떤 행동을 했을 때 기분이 나쁠까?	
5. 친구가 나를 놀렸을 때 어떻게 해야 할까?	① 기분 ② 왜 놀렸을까? ③ 그럼 나는 어떻게 해야 할까?
인터뷰에 참여한 유아의 모습에 대한 교사의 의견	

상담 기초 설문지 등을 통한 기초 정보 수집

유아에 대한 정보는 학기초 관찰기록, 포트폴리오, 인터뷰, 객관적인 검사(체격검사), 원아 기초 조사서, 학부모 상담 기초 설문지 등의 자료를 통해 수집할 수 있다.

이 자료들 중 원아 기초 조사서는 입학 후 일주일 이내 학부모에게 받아 정리해 두고, 학부모 상담 기초 설문지는 정기 상담 시작 2주 전에 가정으로 배부하여 미리 받아 둔다.

원아 기초 조사서나 학부모 상담 기초 설문지는 학부모 상담의 기초 자료가 될 뿐만 아니라, 유아의 성장과 발달에 도움이 되는 중요한 자료이므로 잘 보관해 두어야 한다. 교사는 이 기초 자료들을 토대로 유아의 변화와 성장을 지속적으로 관찰한다.

1학기 학부모 상담 기초 설문지 예시

🌿 1학기 학부모 상담 기초 설문지 🌿

본원에서는 자녀의 성격 및 생활지도 등의 상담을 앞두고 다음과 같이 학부모님의 의견을 듣고자 하오니 정확히 작성하여 유아 편에 보내 주시기 바랍니다.

자녀명		생년월일		상담 일시	20 년 월 일
보호자			상담 신청자		
성격	좋은 성격				
	고쳤으면 하는 성격				

발달	건강에 대하여			
	학습에 대하여			
	또래 친구 관계에 대하여	자녀가 말한 유치원 친구 이름과 내용	
		유치원 친구 외의 놀이하는 또래 친구와의 관계	
	표현력에 대하여			
	기본생활습관에 대하여			
하루 일과	귀가 후 하루 일과			
놀이	주로 누구와 놀이하나요? (혼자, 부모님, 형제, 친구)			
부모와의 관계	부모와의 시간	하루 평균 갖는 시간과 함께하는 놀이나 활동 내용	
		엄마	
		아빠	
	자녀 양육 시 어려운 점			
기타	최근에 이르러 상담하고 싶은 내용			
	앞으로 귀 자녀의 지도 방향 (우리 아이에게 ~을 특별히 지도해 주세요)			
	가정과의 연계 활동에 대하여			
	원에 하고 싶은 이야기			

따스하고 세심한 관찰

앞서 유아와 학부모에 대한 기초 정보 자료, 다양한 수업 활동을 통해 파악한 정보 등을 토대로 상담 자료를 준비하는 방법들을 알아보았다. 무엇보다 상담 전 준비뿐 아니라, 학급 운영 내내 유아 개개인의 행동 특성들을 세심하게 관찰하는 것이 매우 중요하다.

상담 전에는 쉽게 지나칠 수 있지만 주의 깊게 관찰해 두면 좋은 몇 가지 사항에 대해 알아보자.

신체적인 특징

유아가 왼손잡이인지 오른손잡이인지, 양손잡이인지, 양손을 사용한다면 어떤 식으로 양손을 사용하는지, 어떤 도구를 사용하여 표현할 때 손에 힘이 있는지, 다른 친구들과 활동하면서 자주 부딪히지 않는지, 도구를 어떻게 잡는지 등을 면밀히 관찰한다. 이러한 관찰을 통해 유아들의 소근육 능력 및 협응력, 긴장감의 정도에 따라 나타나는 현상, 성향 등을 알 수 있다.

평상시 유아의 얼굴이나 표정을 보면서, 혹시나 눈을 자주 깜박이고 있지는 않은지, 눈을 자주 깜박인다면 언제 심하게 깜박이는지, 사람들과 이야기 나눌 때 시선 처리는 어떻게 하는지, 눈을 찌푸릴 때는 언제인지 등을 관찰해 보자. 유아의 시력 상태나 행동 특성에 따른 정서 상태 등을 유추할 수 있는 단서가 될 수도 있다.

또한 유아들의 걷는 모습도 잘 관찰해 보자. 걷는 모습이 불안해 보이는지, 걷기보다 뛰면서 다니는지, 자주 넘어지는지, 어떤 상황에서 자꾸 넘어지는지 등을 파악하다 보면, 유아들의 성격뿐 아니라 발육 상태에 관한 정보를 얻을 수 있다.

가정에서 유아의 구강 상태를 정기적으로 관리하기도 하지만, 더러 이가 빠지지 않은 상태에서 새로운 이가 나고 있는 것을 부모가 미처 파악하지 못하는 경우도 있다. 가끔씩 유아의 구강 상태를 관찰해 보면, 유아의 식습관이나 양치 습관 등의 정보도 파악할 수 있다.

사소한 것이라 지나칠 수도 있지만, 유아들의 머리 상태나 옷차림의 변화 등을 관찰하면서 학부모의 관심도나 유아의 성향 등을 알 수도 있다. 자녀에 대한 작은 변화도 세심하게 알아차리고 있는 담임교사에게 학부모는 기꺼이 마음의 문을 열고 소통하고자 할 것이다.

한눈에 보이는 관찰표 예시

잘함 ○, 보통 △, 노력 ☆

	이름＼내용	신체 조절 - 걷기	협응 - 가위질	정리 정돈	식습관	이름 쓰기	기타 (더 관찰하고 싶은 것)
1	○○○						
2	○○○						
3	○○○						
4	○○○						

비언어적 의사 표현

언어적인 표현이 아직 능숙하지 않은 유아들은 비언어적인 방식으로 의사를 표현할 때가 많다. 특히 내향적인 성향의 유아라면 더욱 말보다는 표정이나 다른 방식으로 의사를 표현할 때가 많은데, 이러한 특성에 유의하여 교사는 유아의 다양한 비언어적 표현에 관심을 기울일 필요가 있다.

유아의 표정을 관찰하다 보면, 특정 상황에서 나타나는 표정이 있다는 것을 알 수 있다. 화장실에 가고 싶을 때, 어떤 활동을 시작할 때, 칭찬을 받았을 때, 몸이 아프거나 불편할 때, 뭔가 자신의 뜻대로 되지 않았을 때 등의 표정을 관찰하며 마음의 언어를 읽을 수 있도록 하자. 유치원에서는 유아들의 모습이 담긴 사진을 많이 촬영하게 되는데, 유아들의 생활 속에서 자연스럽게 표현되는 모습들을 촬영하다 보면 유아들이 표정이나 몸으로 표현하는 언어들을 읽어 낼 수 있다.

또래 친구와 부모

유치원에서 유아가 또래 친구들과 어떻게 관계를 맺고 있는지 지속적으로 관찰하고 기록해 둔다. 최근 유아가 주로 어떤 친구들과 놀이를 하는지, 놀이 지속 시간은 얼마나 되는지, 갈등이 생기면 어떻게 해결하는지 등의 또래 관계 특성 및 변화를 관찰한다.

또래 관계 기록 예시

항목 원아명	놀이 친구	친구들과 주로 하는 놀이	친구들에게 다가가는 적극성 정도	친구와 관계 형성이 불만족스러울 때의 표현 방법

또래 친구와의 관계뿐 아니라 엄마 아빠와의 관계에 대한 관찰도 필요한데, 이 부분은 유아의 역할놀이를 통해 파악해 볼 수 있다. 유치원에서 유아들은 보통 자유 놀이 시간에 엄마, 아빠 역할놀이를 자주 한다. 이때 유아들이 하는 말이나 행동을 잘 살펴보면, 가정에서 유아가 부모와 관계를 어떻게 형성하고 있는지 유추해 볼 수 있다.

유아의 놀이 모습을 잘 관찰하고 기록해 두어, 학부모 상담 자료로 활용할 수 있다.

모아 둔 상담 정보를 잘 기록하는 방법

① **전달하고자 하는 내용을 정확하고 구체적으로 작성한다.**

- 육하원칙에 맞게 누가 언제 어디서 무엇을 어떻게 왜 했는지 적어 둔다.

- 내용을 이해하기 쉽게 정확한 단어와 간결한 문장을 사용한다.

- 다른 유아와 비교하는 말은 피하고 해당 유아에 대한 정보만 기록한다.

② **부모의 입장에서 이해하기 쉽게 기록한다.**

- 부모의 입장에서 쉽게 이해할 수 있도록 전문 용어보다는 쉬운 어휘를 쓰고, 사진, 유아의 기록물, 그림 등을 첨부한다.

- 긍정적인 방향을 담고 있으면서도 핵심 내용이 잘 전달될 수 있도록 기록한다.

교사 스스로 자가 점검하기

상담 일정을 계획하고 유아에 대한 다양한 방식의 정보를 어느 정도 수집하여 상담할 준비를 마쳤다면, 실제 상담에 들어갈 차례이다. 그에 앞서 간단한 것부터 다시 점검해 보자.

단정한 옷차림

우리는 처음 만나는 사람의 옷차림이나 머리 스타일 같은 외형적인 모습들을 가장 먼저 눈에 담게 된다. 자녀를 맡긴 학부모 입장에서 담임교사의 첫인상이 단정하고 깔끔한 모습이라면, 그 모습이 오래 남아 좋은 이미지로 기억될 수 있을 것이다.

지나치게 화려한 옷보다는 깔끔하게 다려진 단정한 옷차림으로 준비해 보자. 속옷이 비치는 옷이나 지나치게 몸매가 드러나는 옷, 짧은 치마처럼 옷차림에 시선을 끄게 만드는 옷은 상담 대화에 집중해야 하는 상황에서 학부모의 주의를 흐트러뜨릴 수 있으므로 가급적 피하는 것이 좋다. 상담 전에 헝클어진 머리도 다시 한 번 정돈하여 옷매무새와 함께 가다듬어 보자.

부드러운 표정과 말투

표정이나 몸짓과 같은 비언어적 표현은 사람의 마음을 읽을 수 있는 중요한 의사소통 수단이다. 학부모 상담의 첫 대면에서 교사의 부드럽고 밝은 표정은 학부모에게 열린 마음의 신호가 되어, 자연스러운 상담 분위기를 이끄는 요인이 될 수 있다. 또한 무미건조한 억양보다는 좀 더 차분하고 부드러운 말투를 사용한다면, 학부모에게 전달력 있게 다가갈 것이다. 그러나 상담 대화 중에 다소 학부모 입장에서 속상해 할 상황이 발생할 수도 있는데, 그럴 때 학부모의 감정 변화를 잘 읽고 그에 맞는 반응을 하는 것이 좋다.

마음의 평정을 위한 마인드 트레이닝

아무리 완벽하게 준비가 되었다고 해도 학부모를 처음 대면하는 교사 입장에서는 어색하고 두렵고 불안한 마음이 들 수 있다. 학부모 상담에 앞서 마인드 트레이닝을 통해, 마음의 평정을 유지해 보자. 다음의 문구를 붙여 놓고 지시문에 따라 혼자서 연습해 봐도 좋고, 동료 교사와 함께 연습해도 좋다. 동료 교사와 함께 역할을 나누어 한 사람은 지시문을 읽고, 다른 한 사람은 그 지시문에 따르는 식으로 역할을 바꾸면서 서로 피드백할 수 있다.

🌿 마인드 트레이닝 🌿

숨을 깊게 들이쉬고 내쉽니다. <3번 정도>

상담 장소를 눈을 감고 떠올려 보세요. 무엇이 보이나요?

책상 그리고 의자가 보일 거예요.

나의 표정은 어떤지 살펴보세요.

나의 표정도 환하게 웃습니다.

이제 상담 장소에 학부모님이 들어오셨습니다.

학부모님의 표정은 어떤가요? 학부모님이 나를 보며 환하게 웃고 계십니다.

환하게 웃으며 상담을 시작해 봅니다.

학부모님은 나와의 상담을 아주 편하게 생각하고 계십니다.

사전에 드릴 말씀이 있으면 이야기해 주세요.

상담을 진행해 보세요.

학부모님의 표정이 어떤가요?

상담을 마무리해 주세요.

선생님의 마음은 어떤가요? 이제 상담을 편하게 하실 수 있을까요?

차근차근 상담 진행하기

만반의 준비가 끝났다면, 이제 차근차근 학부모 상담을 진행해 보자. 유아의 성장과 발달에 가장 큰 영향력을 갖고 있는 학부모와의 대화 목적이 유아의 성장을 돕기 위한 것임을 매순간 기억해야 한다. 유아 관찰과 인터뷰, 포트폴리오 등의 자료를 바탕으로 학부모 입장에서 유아에 대해 더 알아야 할 부분에 대해 이야기 나누고, 유아에게 필요한 구체적 방법들을 함께 모색하여 가정에서 실천할 수 있도록 돕는다. 필요에 따라, 학부모가 가정에서 올바른 부모 역할을 할 수 있도록 전문가로서 조심스럽게 조언할 수도 있다.

따뜻하게 맞이하며 인사하기

상담 시간이 20분밖에 안 되는 데다, 할 이야기가 많다고 해서 바로 본론으로 들어가면 사무적이고 딱딱한 대화로 이어질 수도 있다. 반갑게 인사를 나누며 마음의 여유를 가져 보자. 인사는 원활한 의사소통의 시작이 되는 아주 중요한 기술이다. 밝은 얼굴로 학부모와 눈을 맞추며 공손하게 인사하고, 소리 내어 인사할 때는 얼버무리지 말고 정확한 발음으로 말한다. 또한 지나치게 주눅 든 모습이나 사무적인 태도로 인사하지 않도록 유의한다.

간단히 인사를 마치면 학부모에게 상담 자리를 안내하면서, 날씨, 건강, 일상 등과 연결하여 "밖의 날씨는 어떤가요?", "요즘 일교차가 심한데, 건강은 잘 챙기고 계세요?", "많이 바쁘실 텐데 귀한 시간 내주셔서 감사합니다." 등의 말을 덧붙이며 자연스럽게 자리에 앉는다.

상담의 목적 공유하기

준비해 둔 다과를 권하며 상담의 목적을 간단히 공유한다. 학부모가 일부러 시간을 내 교육기관을 방문하는 이유와 목적도 여러 가지일 것이다. 아이를 잘 양육하고 싶어서, 담임교사의 교육철학이 궁금해서, 가정 내 아이의 문제를 해결하기 위한 도움을 받기 위해서, 정기적인 상담에 참여해야 하니까 등 학부모가 상담을 통해 원하는 것이 무엇인지 파악한다. 그리고 교사 입장의 상담 목적을 안내하면서 서로의 목적이 상충하는 지점은 없는지 살피며 상담의 방향을 잡아 가야 할 것이다. 상담의 목적과 방향이 잘 잡힌다면, 신뢰감을 쌓아 나가는 첫 단추를 잘 끼운 셈이다.

학기초 상담 목적에 대한 안내 예시 - 3세

"오늘 실시하는 상담의 목적은 학부모님과 함께 아이에 대한 정보를 주
고받으면서 아이가 행복하고 몸과 마음이 건강하게 자랄 수 있도록 도
와줄 방법을 모색하는 것입니다. 유치원 생활과 가정에서의 생활 모습
에 대해서 자연스럽게 이야기하고자 합니다. 아직 학기초라 제가 ○○
이를 만난 지 2주에 불과하여 잘 파악하지 못한 부분들이 많습니다. 이
번 상담에서는 ○○이와 5년을 함께하신 학부모님이 ○○이에 대해 알
려 주시면 참고하여 ○○이가 유치원에 잘 적응하고 건강하게 지낼 수
있도록 노력하겠습니다."

상담 시간과 비공개 상담 안내

상담을 하다 보면 이야기가 길어져, 정해진 시간이 지나 다음 상
담 차례의 학부모부터 계속 기다리는 상황이 발생할 수 있으니, 정해
진 상담 시간을 미리 안내하고 시계를 비치해 둔다. 시계를 두어 시각
적으로 시간을 인지하도록 하면, 교사와 학부모 모두 시간을 지키려고
노력하게 된다.

학부모가 아이와 관련해 꼭 해야 하는 이야기임에도 여러 가지 이유
로 하지 못한다면 형식적인 상담이 되어 버릴 수 있다. 따라서 학부모
가 교사를 신뢰하며 편안하게 이야기할 수 있도록 학부모와 나눈 이야
기는 어디까지나 비공개이며, 누구에게도 전하지 않는다는 메시지를
정확히 전달해야 한다. 실제로도 교사는 학부모와의 상담 내용을 다른

학부모에게 전하거나 교사들끼리의 이야깃거리로 삼는 일을 해서는 안 된다.

유치원의 에피소드를 토대로 이야기 나누기

유아의 유치원 생활에서 일어난 에피소드를 토대로 학부모와 이야기를 나눈다. 에피소드를 이야기할 때에는 유아의 긍정적이고 강점이 되는 부분을 부각시켜 이야기를 시작한다.

에피소드 예시

교사 : ○○이는 유치원이 즐겁고 재미있다고 말하는데, 가정에서는 학부모님께 유치원에 대해 어떻게 이야기하는지 궁금하네요.

학부모 : 네, 유치원을 주말에도 가고 싶을 정도로 매우 재미있어 하고 좋아해요.

교사 : ○○이가 친구들이랑 블록 놀이를 할 때 양보하기도 하고, "나랑 같이 놀자."라고 먼저 말하며 친구들에게 적극적으로 다가가는 편이라, 친구들도 많이 따르는 편이에요.

경청 속에서 핵심을 찾기

상담 시작 전 학기초에 수집해 두었던 유아의 정보가 담긴 관찰 기록, 포트폴리오, 학부모 면담 기초 설문지 등의 기초 자료를 살펴보며 학부모의 이야기에 귀 기울여 주의 깊게 듣는다. 경청한 내용을 바탕으로 학부모가 이야기하고자 하는 핵심이 무엇인지를 파악하며 기록

한다. 학부모가 원하는 것, 유아의 장점과 단점 등 별도의 상담 기록지
를 만들어 기록해 두는 것도 좋다.

진정성을 담아 유아의 성장을 위한 이야기 나누기

자녀의 유치원 생활에 대해 누구보다 궁금해 할 학부모에게 유치원
에서의 유아에 대해 이야기한다. 우선 유아의 장점에 대해 이야기하며
가정에서의 모습은 어떤지 물어본다.

"○○이가 가정에서도 인사를 잘하는군요. 유치원에서도 원장선생
님과 원감선생님, 다른 반 선생님들에게도 인사를 아주 잘합니다."

유아의 가정에서의 모습과 유치원에서의 모습을 비교해 보고 장단
점을 살펴보면서, 유치원에서의 에피소드나 상황을 들어 개선되면 좋
을 부분에 대해 학부모에게 진솔하게 이야기한다. 그리고 그와 관련하
여 가정에서의 지도 방법에 대해서 물어보고, 적절한 지도 방법을 안
내하거나 함께 고민해 본다.

"○○이가 가정에서도 밥을 잘 먹지 않는군요. 원에서도 자신이 원하는 음식만 먹으려고 하네요. 혹시 가정에서는 ○○이가 밥을 잘 먹을 수 있도록 어떻게 지도하시나요? ○○이가 음식에 흥미를 갖도록, 여러 가지 재료를 활용하여 함께 요리를 해 보는 방법도 있어요. 아이와 운동이나 놀이를 많이 한 후에 식사를 하는 방법도 있답니다. 좀 더 좋은 방법이 있는지 저도 고민해 보도록 할게요."

친절하게 마무리하기

어느 정도 상담이 이루어졌다면, 교사와 학부모는 유아의 성장 발달을 위해 함께 고민하고 노력하는 사이임을 상담 말미에 다시 한 번 상기시키며 마무리한다. 상담을 마무리할 때는 시간에 쫓겨 급작스럽게 상담이 끝나는 느낌을 주지 않도록 유의하며, 미리 시간을 염두에 두어 안배를 잘해야 한다. 유아가 유치원 생활에서 잘하고 있는 부분을 칭찬해 주고, 혹시 시간이 모자라거나 더 궁금한 것이 있다면 다음에 다시 상담 일정을 잡아도 되고, 전화로 이야기 나눌 수 있다는 것을 약속한다. 상담에 시간을 내준 학부모에게 감사함을 분명한 말로 표현하고, 교사에게도 많은 도움이 되었다는 것을 이야기하며 진심 어린 소감을 간단히 전한다.

"○○이가 이렇게 훌륭한 학부모님의 자녀라서 잘 크고 있는 것 같네요. 오늘 학부모님과 함께한 시간이 너무 편하고 즐거워서 20분이 정말 짧게 느껴졌어요. 아쉽지만 더 궁금하신 사항이 있으시면 언제든지 연락 주세요. 오늘 상담을 통해 저도 ○○이를 더 잘 알게 되는 소중한 시간이었습니다. 귀한 시간 내주셔서 정말 감사합니다."

배웅하고 인사하며 다음 학부모 맞이하기

상담이 끝나면 학부모와 함께 일어나 가급적 문까지 배웅하면서 공손하게 인사한다. 이때 밖에서 다음 차례의 학부모가 기다리고 있다면, 그 학부모와 눈을 맞추며 눈인사를 한다. 상담을 마친 학부모, 상담을 하러 온 학부모 모두 서운하지 않게 적절하게 시선 처리를 한다.

"○○이 학부모님, 안녕히 가세요."하고 인사를 한 후, 다음 학부모를 맞이한다. "○○이 학부모님, 이쪽으로 들어오세요." 라고 안내한 후, 교실로 들어가 다시 상담을 시작한다. 상담을 마치고 가는 학부모가 들을 수 있는 상황에서 "너무 오래 기다리셨죠?" 라고 한다든지, 특정 학부모에게 과한 친밀감을 보이는 것은 바람직하지 않다.

상담, 그 후가 더 중요하다

한 명 한 명의 학부모를 만나며 차근차근 준비한 상담을 무사히 마치고 나면, 자신도 모르게 긴장했던 몸과 마음이 풀어지면서 피로감과 함께 당장은 쉬고 싶다는 생각이 들지도 모른다. 그런데 더 중요한 것은 상담한 내용을 어떻게 정리하고, 이후의 유치원 및 가정 내의 교육활동과 어떻게 연계할 것인가에 있다. 어쩌면 상담은 네버엔딩스토리라고 할 수 있을지도 모르겠다. 상담이 끝난 후 해야 할 일들에 대해 하나씩 짚어 보자.

가정통신문 발송

정기적인 상담이 끝난 후 유치원에서는 가정으로 학부모의 적극적인 참여와 협조에 대해 감사한 마음을 표현하는 내용 및 학부모의 전반적인 요구 사항, 논의되었던 여러 가지 사항 등에 대한 추후 대처 상황 등을 가정통신문으로 작성하여 발송한다.

이 세상의 모든 곳에 신이 존재할 수 없기 때문에 신이 어머니를 만들었다고 합니다. 어머니이기에 가능하고, 부모이기에 가능한 일들이 참 많습니다.

이미 많은 능력을 가지기도 했지만 때론 한없이 부족함을 느끼는 것이 부모인 것 같습니다.

부족한 점은 함께 고민하며 채워 가면 아이들의 몸과 마음이 더욱더 건강하고 행복하게 성장할 수 있을 것입니다.

이번 상담 기간 동안 소중한 시간 내주시고 함께 웃으며 얘기할 수 있어서 참 행복했던 시간이었습니다.

이번 학부모 상담 시 공기청정기에 대한 요구가 많았습니다. 빠른 시일 내에 공기청정기를 설치하여 보다 쾌적한 환경을 만들 수 있도록 노력하겠습니다.

언제나 원에 관심을 가지고 사랑해 주셔서 감사합니다.

앞으로도 아이들이 건강하고 행복하게 웃으며 지내는 원이 되도록 노력하겠습니다.

늘 행복하고 건강한 일들만 가득하시길 바랍니다.

20 . 0. 00.

○○유치원장

가정통신문 발송을 통해 유치원에서는 학부모를 유치원 운영에 꼭 필요한 동반자적 협력자로 인정하며, 학부모의 의견을 존중하고 있다는 메시지를 전할 수 있다. 학부모 입장에서는 스스로가 유치원 운영의 한 주체임을 인지하고, 바람직한 방향의 유치원 운영과 자녀의 성장 발달을 위해 협력적 태도 및 책임감을 가져야 한다는 느낌을 가지게 될 것이다.

상담 내용 꼼꼼하게 정리해 두기

상담을 진행하면서 메모해 두었던 내용들을 보기 편하게 다시 정리해 둔다. 잘 정리해 둔 상담 내용은 유아의 성장 과정, 학부모의 양육 태도 등 유아의 교육과 관련한 중요한 자료가 된다. 학부모가 자녀의 교육에서 어떤 부분에 관심이 많은지, 어떤 부분을 고민하고 있는지 등을 알 수 있으며, 이를 바탕으로 유아를 분석하는 데 도움이 된다. 정기적 상담뿐 아니라, 상시적으로 학부모와 상담한 내용들을 꼼꼼히 기록하여 정리해 두는 것도 필요하다. 흔한 상황은 아니지만, 예를 들어 아이의 몸에 상처가 나거나 멍이 든 상태로 유치원에 왔을 때, 부모에게 어떤 상황인지 문의하고 상담한 내용을 기록해 둔 것이 아동학대와 같은 문제 상황이 발생했을 때 법적 근거 자료가 되기도 한다.

학부모와 나눈 상담 내용은 가급적이면 빨리 기록해 두고 정리하는 것이 좋다. 많은 유아들을 상대하는 교사 입장에서는 이런 일을 미루다 보면 시간이 지나 헷갈리거나 기억이 나지 않을 수 있고, 정말 필요할 때 기록해 둔 내용이 없어 곤란해질 수도 있다.

그렇다고 학부모가 하는 모든 말들을 기록할 수 있을까? 그러기에는 한계가 있을뿐더러, 핵심이 되는 내용을 요약해서 기록하는 것이 훨씬 효율적이다. 학부모의 말을 교사의 말로 재해석하여 풀어 쓰면 나중에 오해의 소지가 생길 수 있으므로, 학부모와 나눈 내용을 기록할 때에는 가급적 대화 내용의 언어를 그대로 사용하여 기록하는 것이 좋다.

상담 기록지 예시

일시	3월 20일 14:00	내담자	(○○○)의 (어머니)
방법	방문 상담(○) 전화 상담( )		

	학부모	교사
상담 내용	▶ 책을 무조건 많이 읽도록 하는 것이 학대일까요?	▶ 책을 좋아하고 책 읽기를 놀이처럼 생각하는 아이에게는 학대가 아닐 수 있지만, 책 읽기를 싫어하는데 부모가 억지로 읽게 한다든지 강요하는 것은 학대가 될 수 있습니다. ○○이의 경우는 부모님이 책을 즐겨 읽으시는 만큼 아이도 유치원에서 책 읽기를 아주 즐거워합니다. ○○이에게 책 읽기는 아주 좋은 놀이가 되고 있는 것 같습니다.
	▶ 아이들에게 글자를 언제부터 가르치는 게 좋은가요?	▶ 너무 일찍부터 아이들에게 학습지로 글자를 가르치면, 갑작스럽게 많은 글자를 습득해야 해서 글자를 읽고 쓰는 데 오히려 흥미를 떨어뜨릴 수 있습니다. 아이가 글자에 관심을 가지기 시작하면, 자신의 주변에서 볼 수 있는 글자부터 관심을 가지게 됩니다. 이때, 글이 적은 책에서 아이가 관심을 가지는 글자를 찾아보는 식의 놀이를 해 보는 것도 좋습니다. 그리고 그 글자를 아이의 손을 잡아 주고 써 보게 해 주세요. 그런 식으로 하루에 한 글자씩 익혀 보는 방법을 추천 드립니다.
	▶ 아이가 꼼꼼하지 않은데 이 기질을 그대로 받아들여 내버려두어야 할까요, 고쳐야 할까요?	▶ ○○이의 성격은 털털하고 외향적인 데다, 소근육보다 대근육이 더 잘 발달되어 있는 것으로 보입니다. 가드너의 다중지능 이론에 의하면, 여러 종류의 지능 중에 아이들마다 많이 발달된 지능이 다릅니다. 소근육 발달을 위한 지도를 조금씩 하는 것도 좋지만, 지나치게 강요하면 아이가 스트레스를 받을 수도 있습니다. 아주 작은 변화도 적절하게 칭찬하면서 지도해 주시는 게 좋습니다.

일시	○월 ○○일 ○○:○○		
방법	방문 상담(○) 전화 상담( )	내담자	(○○○)의 (어머니)

	학부모	교사
상담 내용	▶ ○○이는 공격적인 성향이 많아서 고민이 되었는데 유아교육기관에 와서 공격적인 성향이 조금씩 줄어들고 있긴 합니다.	▶ ○○이는 주변 친구나 교사에 대한 경계심을 가지고 공격적인 성향을 보일 때가 많습니다. 가령, 친구가 옷걸이를 사용하라고 그냥 주었는데도 자신을 때리려고 했다고 말할 때도 있습니다. 식사 시간에 고기를 자르고 있는데 잘 안 잘리는 것 같아 도와주려고 했더니 포크를 던진 적도 있었습니다. 아이의 감정을 추스르도록 한 후에, ○○이를 안고 이야기해 보니 선생님이나 친구들이 자신을 미워한다고 생각하고 있었습니다. 이후, ○○이를 많이 안아 주면서 자주 사랑한다는 말을 해 주니 조금씩 좋아지고 있습니다.
	▶ 교육과정 설명회 때 다른 여러 학부모님들께 ○○이의 공격적인 행동에 대해 이야기를 해 드린 후로, 학부모님들이 ○○이가 입학하고 나서부터 친구를 먼저 때리거나 하는 빈도수도 조금씩 줄어들며 점점 좋아지고 있다고 이야기하시는 것을 듣고 안심이 됩니다.	▶ 다행이네요. 저도 ○○이와 함께할 1년이 기대됩니다.
	▶ ○○이 아빠는 아이가 잘못했을 때 불같이 화를 내며, 자신의 감정에 따라 훈육할 때가 많아요. 그에 비해 저는 평소에 아이에게 친절하게 대하며 아이의 의견을 존중해 주려고 노력해요. 하지만 잘못했을 때는 단호하게 지도하기도 합니다. 남편과 저의 양육 방법이 많이 달라서 고민이에요.	▶ ○○이는 엄마를 많이 의지하지만 아빠를 무서워하는 경향이 있는 것 같습니다. 아버님께서 ○○이를 대할 때 스스로의 감정을 조절하시고, 아이의 감정을 읽으며, 아이와 상호작용하려고 노력하시는 것이 가장 큰 도움이 될 것 같습니다.

상담 이후 연계 관리

학부모 상담의 목적은 유아의 지속적인 성장과 발달을 도모하는 데 있기 때문에, 상담 자체로 끝나서는 안 된다. 학부모 상담을 통해 나온 내용들을 가지고 교육활동에 적용하여 변화를 지켜보며 지속적인 사후관리가 필요하다. 학부모 입장에서는 학부모 상담을 통해 나누었던 이야기들이 실제로 어떻게 반영되고 있는지 궁금할 것이다.

학부모와의 상담을 통해 교사가 미처 알지 못했던 유아의 문제 상황을 알게 되었다면, 유치원에서 유아의 행동을 주의 깊고 면밀하게 관찰하여 교육활동으로 개선할 수 있는 노력과 더불어 변화하는 점 등을 학부모에게 피드백하도록 한다. 학부모와의 만남이 상담으로 끝나지 않고 상담 후 교육활동과 연계한 피드백이 오가면, 학부모는 교육 전문가로서의 교사를 깊이 신뢰하게 될 것이다. 유아의 문제 상황과 관련하여, 육아에 참고가 되는 전문적인 정보를 학부모에게 안내하거나 관련 도서를 추천해 주는 것도 좋다.

가령 유아가 평상시 다른 친구들과 자주 다투는 일로 고민인 학부모에게는, 상담을 통해 유아의 문제 상황이 개선되기 위한 방안들을 제안한다. 동시에, 상담 이후 유치원에서 유아가 친구들과 다툼이 생기는 상황에 대한 면밀한 관찰과 지도가 필요하다. 지속적인 관찰을 통해 자주 다툼이 생기는 원인을 파악하고, 유아의 발달 단계에서 익혀야 할 사회적 기술과 관련한 교육활동을 진행하여 유아가 원활한 유치원 생활을 하도록 지도한다. 이런 내용들을 학부모와 공유하며 유아가 앞으로 더 잘 성장해 나갈 수 있도록 돕는 것이 상담의 궁극적인 목적인 것이다.

1학기 학부모 개별 상담 결과 추수 지도 작성 예시

번호	원아 명	상담 중점 사항	추수 지도 방안
		• 교우관계 • 창의력	• 매일 어떤 친구와 어떤 놀이를 했는지 이야기 나눔. • 하루에 한 가지씩 창의적 질문을 하여 자유롭게 대답할 수 있는 기회를 제공함.
		• 식습관 • 감정 표현	• 유아가 도전하고 싶은 반찬의 종류와 개수를 정한 다음 실천하도록 격려함. • 친구와의 갈등 상황에서 자신의 감정을 말로 표현하는 기회를 제공함.
		↑ 부모님과 상담 중 가장 중점을 두어야 할 사항을 기재	↑ 해당 유아의 발달 특성에 맞는 적절한 지도 방법을 모색해 본 후, 원에서의 지도 방법 기재

상담 시 학부모가 유아의 지도에 대해 문의했으나 바로 답하지 못한 사항이 있다면, 상담 이후에 가급적 빨리 확인하여 학부모에게 알려 주어야 한다. 여러 명의 학부모를 대하는 교사는 쉽게 잊을 수 있지만, 학부모는 자신이 문의했던 것을 분명하게 기억하고 있으므로 빠른 시간 안에 답을 주어 신뢰감을 높인다. 또한 상담 내용 중에 유치원에 대한 요구 사항이나 불만 사항이 있다면, 교사 개인이 해결할 문제가 아니므로 관리자에게 내용을 공유하여 이를 해결하도록 한다. 유치원 상황이나 불만 사항의 정도에 따라서 원장이나 원감이 학부모와 직접 접촉하여 해결할 수도 있고, 교사를 통해 해결할 수 있다.

앞서 말했듯이, 학기초 상담은 일회성으로 끝나는 것이 아니라 유아의 성장 발달을 위해 부모와 교사가 함께 협력하는 과정이다. 따라서 지속가능한 소통을 위해 학기초 상담했던 내용을 기반으로, 매달 학부모와 소통할 수 있는 월별 소통 가이드를 만들어 두는 것도 좋다. 이러한 월별 소통 가이드는 가정과 유치원의 연계를 더욱 강화시켜 유아들이 안정감을 느끼며 성장하도록 돕는다.

상담 평가

상담 평가는 상담 이후에 상담이 전반적으로 잘 이루어졌는지 살펴봄으로써, 다음 상담에서의 시행착오를 줄이고, 다양한 개선 방안을 모색하는 데 도움이 된다. 학부모 평가와 교사 평가 회의를 거친 후, 평가 결과를 문서로 작성하여 기록해 둔다.

학부모 평가 항목 요소로는 상담 시기, 상담 소요 시간, 상담 장소, 상담 내용이나 기타 요구 사항 등이 있다. 상담의 형식적인 요소들은 적절했는지, 상담의 만족도는 어떠했는지 등과 기타 사항으로 유치원이나 담임교사에게 요구하고 싶은 사항 등에 대해 의견을 물을 수 있다.

교사 평가 회의에서 학부모 평가 결과를 가지고 동료 교사들과 협의해 본다. 이 협의 내용들을 다음 학부모 상담 계획에 반영할 수 있다. 또한 유아 상담 평가 문항 예시를 참조하여, 교사 스스로 자기 평가를 한 후에 항목별로 나온 사항들을 가지고 함께 이야기 나눈다. 이러한 평가 시간은 공동체 구성원으로서 서로의 강점과 부족한 점을 알게 되면서, 함께 성장하는 교사 공동체로 발전해 나갈 좋은 기회가 된다.

평가 결과 문서 작성 예시

○○○○원

수신자 내부 결제

(경유)

제 목   20○○학년도 1학기 학부모 상담 주간 운영 계획

---

1. 관련 : ○○유아교육기관-○○○(20○○.○○.○○)
2. 20○○년도 1학기 학부모 개별 상담 결과를 붙임과 같이 보고하겠습니다.
    가. 기간 : 20○○.○○.○○.(월) ~ ○○.○○.(화)
    나. 전체 유아 수 : 276명
    다. 상담 참여 인원수 : 275명
        개별 상담(207명), 전화 상담(68명), 불참자(1명)

붙임 20○○학년도 1학기 학부모 상담 결과 보고 1부. 끝.

학부모 상담 평가지 예시

연령	3세	학급명	튼튼한 1반
전체 유아 수	10명	불참자	없음
대면 상담	9명	전화 상담	1명
유아의 중점 지도 사항	아직 몇 번의 겨울을 지내지 않은 아이들은 생활지도 측면에서 낯설고 어렵습니다. 그래서 아이들에게 구체적으로 기본 생활지도를 해야 합니다. 친구와 사회적으로 어떤 말을 하면 기분이 좋은지 어떤 말을 하면 화가 나는지 어떤 행동을 하면 친구와 사이좋게 지낼 수 있는지 등의 사회적 기술에 대해 대화, 토의, 역할극 등을 통하여 지도합니다. 신체적으로 발달이 미숙하여 잘 넘어지고 안전에 대한 위험성을 인식하기 어려우므로 안전교육을 보다 더 철저하게 해야 합니다. 아이들의 몸과 마음이 건강할 수 있도록 매일 한 가지씩 신나게 뛰어놀 수 있는 놀이들을 진행합니다.		
유치원에 대한 학부모 의견	유치원에 대해 매우 만족하고 있으며 아이들도 잘 적응하고 있어 감사함이 가득합니다.		

학부모 상담 시 유의해야 할 5가지

간혹 유치원에서의 아이 행동이나 심리 상태에 대해 설명하다가 의도하지 않게 학부모와의 신뢰 관계가 깨져 불편해지는 경우가 있다. 학부모에게는 상처가 되고 교사에게는 오점으로 남을 학부모 상담이 되지 않도록 아래의 5가지에 반드시 유의하자.

1. 아이의 성향을 규정짓지 않기

만들기, 그리기 등 유치원에서는 미술 활동을 많이 하다 보니, 유아들이 만든 작품을 통해 유아의 심리를 유추하고자 하는 시도가 많다. 미술 심리는 투사적 해석을 동반하게 되므로 반드시 전문적인 훈련과 수퍼바이저(상급 전문가)의 감독하에서 가설적으로 진행해야 한다. 특히 색채, 도형 등으로 아이의 성격을 언급하는 것은 대단히 위험하다. 교사 자신의 해석과 학부모의 해석이 일치하지 않을 가능성도 있고, 하루가 다르게 성장하고 달라지는 유아를 단정적인 틀에 묶어서 해석한다는 것 자체가 신뢰성과 타당성에 있어 의문이 제기되기 때문이다. 무엇보다도, 아이의 성격적인 면은 이미 부모가 다 알고 있는 경우가 대부분이므로, 잘못 언급하면 오히려 오해를 사거나 교사에 대한 신뢰만 깨질 수 있으니 조심스럽게 접근해야 한다.

2. 행동 수정이 필요할 경우, 확실한 솔루션을 가질 때 제안의 형식으로 말하기

유아가 부정적이거나 바람직하지 않은 행동 패턴을 갖고 있다고 해서, 그 부분에 지나치게 몰입하여 정보를 제공할 필요는 없다. 유치원에서의 지도를 통해 이미 해결된 일이라면 더욱 학부모에게 알릴 필요는 없다. 유아의 행동 패턴 중에서 개선해야 할 점이 있다면, 확실한 솔루션을 가지고 학부모와 함께 협력하고 싶다는 제안을 해야 한다. 관련 행동에 대한 다른 선생님들과 외부 전문가들의 의견을 종합하여 어느 정도 해결할 수 있는 확신이 들 때 제안을 해야, 학부모도 수긍할 수 있을 것이다.

3. 가정 상황, 양육 방향을 언급하거나 개입하지 않기

간혹 가정에서의 도움이 필요할 것이라고 판단하여 교사가 학부모에게 가정 상황에 대해 묻거나, 양육 방향에 개입하고 조언하는 경우가 생길 수 있다. 학부모 쪽에서 "어떻게 하면 좋을까요?"라고 물어 오기도 전에 먼저 나서서 양육 방식에 대해 조언하는 것은 삼가는 것이 좋다. 조언하는 내용이 맞고 틀리고를 떠나서, 신뢰 관계가 돈독하지 않은 상황에서는 원치 않는 충고나 조언이 두 사람의 관계를 훼손하는 원인이 될 수 있기 때문이다. 유아의 지도를 위해 가정에서도 도와주어야 하는 부분이 있다면, 행동 서술을 통해 구체적으로 요구해야 한다.

"부모님께서 연락장을 받아보실 때, 아이에게 보여 줘서 고맙다고 칭찬해 주시면 아이도 더 행복할 것 같아요."와 같이 상황에 따라 어떻게 행동해 달라는 구체적인 요구를 함께 하면 학부모도 금방 따라 할 수 있으므로, 큰 도움이 된다.

4. 고칠 점을 말할 때는 단점이 갖는 이득도 함께 말하기

단점과 장점은 맥락에 따라 하나로 연결된다. 산만한 아이들은 사교성이 좋고, 조용한 아이들은 꼼꼼하며, 목소리가 큰 아이는 발표를 잘한다. 그림을 자유롭게 그리는 아이는 창의적이며 성격에 구김이 없다. 따라서 교사 입장에서 유아의 개선되어야 할 점을 말할 때에는 유아가 가지고 있는 단점이 갖는 이득도 함께 전달해야 학부모가 수용할 가능성이 크다. 장점이 단점이 되기도 하고, 단점이 장점이 되기도 하는 점을 알려 주는 것은 학부모에 대한 배려가 된다. 또한 학부모의 부정이나 반발을 줄일 수 있다.

5. 요청해도 안 되는 일이라면 다른 방법 찾기

교사 입장에서 간혹 학부모의 도움이 간절히 필요할 때가 있다. 그래서 여러 번 도움을 요청하는 데도 더러 그 요청이 받아들여지지 않는 경우가 있다. 사안에 따라서 다르겠지만, 학부모에게 수차례 요청했는데도 안 되는 일이라면, 교사가 직접 해결할 수 있는 방안을 찾는다. 교사의 협조 요청에도 잘 지켜지지 않는 일이라면, 보통은 학부모가 그것을 무시하거나 중요하지 않게 여겨서가 아니라, 그렇게 할 능력이나 여건이 안 될 가능성이 크기 때문이다. 이런 상황에서는 학부모를 원망하거나 받아들여질 때까지 요청하기보다는 다른 방법을 시도하는 것이 학부모와 교사 모두에게 이롭다.

이 외에 교사 스스로 유의하거나 꼭 기억해야 할 나만의 방법이 있다면 아래에 정리해 보자.

6.

7.

8.

9.

10.

Chapter 4

슬기롭게,
유치원 학부모 고민 해결

······

유치원에서 학부모 상담을 진행하다 보면, 유아의 신체운동 및 건강, 의사소통, 사회관계 등 여러 면에서 학부모의 고민이 많은 것을 알 수 있다. 자녀의 성향에 따라 각각 다른 고민거리들을 가지고 있지만, 많은 학부모들이 대체적으로 궁금해 하는 고민들이 있다.

여기서는 많은 학부모들이 공통적으로 고민하며 궁금해 하는 주제들을 모아 보았다.

실제 학부모 상담 진행의 예시로 참고할 수 있도록, 학부모가 고민하는 내용의 원인을 먼저 분석하고, 교사로서 도움을 줄 수 있는 상담 내용에 대해 소개하고자 한다.

편식이 심해요

"아이가 편식이 너무 심해요. 자기가 좋아하는 음식만 먹으려고 하고, 골고루 먹지 않아 키가 안 클까 봐 걱정이에요."

편식은 유아의 발달 과정상 일어나는 자연스러운 현상이므로 크게 걱정하지 않으셔도 됩니다. 아이가 편식을 하는 이유는 여러 가지가 있겠지만, 처음 접해 보는 음식이라 거부감이 들거나 식감이 이상하게 느껴져서 그러는 경우가 많습니다. 따라서 아이가 새로운 음식이나 싫어하는 음식과 친해질 수 있는 환경을 만들어 주는 것이 중요합니다.

아이가 새로운 음식이나 싫어하는 음식과 친해질 수 있는 시간이 필요합니다. 특히나 새로운 것에 대한 두려움이 많은 아이라면, 더더욱 새로운 음식을 곧바로 맛보게 하는 것이 더 큰 거부감을 일으킬 수 있습니다. 음식을 바로 먹게 하는 것보다는 냄새, 맛, 씹어 보기 등의 단계별 과정을 통해 음식에 적응하도록 하는 것이 좋습니다. 단계를 거쳐 점진적으로 시도하여 다양한 맛을 고루 느낄 수 있고 먹는 즐거움을 알도록 도와줍니다. 또한 아이에게 식사 시간은 즐거운 시간이라는 인식을 주는 것이 필요합니다. 식사 시간은 가족 또는 친구와 함께 맛있는 것을 먹는 즐거운 시간이라고 인식할 수 있도록 도와주세요. 편식을 한다고 혼을 내거나, 다 먹기 힘든 양의 음식을 주면 아이는 식사 시간을 힘들고 재미없는 시간으로 느낄 수 있습니다.

먹는 재미를 느낄 수 있도록 아이를 직접 요리에 참여시키는 것도 좋습니다. 아이가 직접 고른 재료로 직접 요리한 음식을 먹는 경험은 성취감과 동시에 즐거움을 느끼게 해 줍니다. 무엇보다 음식을 대하는 부모의 태도도 유아에게 큰 영향을 미치므로, "아, 맛있다!" 식의 긍정적인 반응으로 아이의 호기심을 자극하는 것이 좋습니다. 아이가 싫어하는 음식인데도 먹어 보려고 시도했을 때 구체적인 칭찬과 격려를 해 준다면, 아이들은 싫어하는 음식이라도 다시 도전해 보려고 노력할 것입니다.

유치원에서 멍이 들어서 왔어요

"어제 저희 아이가 무릎에 멍이 크게 들어 왔길래 어디서 그랬냐고 물어봤더니 모른다고 하네요. 선생님도 모르셨는지 연락도 없으셨고요. 부모 입장에서 답답합니다."

유아는 성인보다 행동반경이 크고 움직임이 많기 때문에, 이동하다가 자신도 모르게 멍이 들기도 합니다. 또한 친구들과 놀이를 하다 부딪치거나 넘어져 멍이 들기도 하지요. 넘어지거나 부딪쳐 처음에는 아무렇지 않다가, 시간이 지나면서 멍이 점점 커질 때가 있습니다. 유치원에서 교사가 확인했을 때에는 아무 이상 없다가, 귀가 후에 멍이 생겨 있기도 합니다.

　이런 일이 생겼을 때에는 우선 유치원으로 연락하셔서 어떤 상황인지 알아봐 주세요. 또한 아이가 유치원에서 겪을 수 있는 사고에 대해 미리 조심할 수 있도록 가정 내에서도 꾸준히 지도해 주세요. '좌, 우, 위, 아래, 주변 살피기', '색연필이나 날카로운 연필로 다른 친구 찌르지 않도록 조심하기', '의자로 장난치지 않기', '친구 밀지 않기', '발에 힘주어 똑바로 걷기' 등에 대한 안내 부탁드립니다.

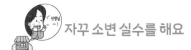

자꾸 소변 실수를 해요

　"아이가 자꾸 옷이나 이불에 소변 실수를 해요. 혹시나 발달상에 무슨 문제가 있는 건 아닌지 걱정됩니다."

　한두 번도 아니고, 아이가 여러 번 소변 실수를 한다면 무슨 문제가 있는 것은 아닌지 걱정이 될 수 있습니다. 하지만 아직 신체 조절 능력이 부족한 유아들에게는 흔히 나타날 수 있는 현상이니 너무 걱정하지 않으셔도 됩니다. 다만, 아이의 소변 실수가 지나치게 빈번하다면 그 원인을 파악해 보고 적절하게 대처하는 것이 좋습니다. 신체 발달이 아직 완전하게 이루어지지 않은 유아들은 방광 조절 능력이나 소변 통제 능력이 미숙하여 소변 실수를 할 수 있습니다. 외부로부터 스트레스를 받거나 활동에 몰입해 있을 때, 화장실에 가기 귀찮거나 화장실이 더럽거나 무섭게 느껴져서 참는 경우에도 소변 실수를 할 수 있습니다. 어떤 상황에서 아이가 자꾸 소변 실수를 하게 되는지 잘 관찰하면서 원인을 찾는 게 필요합니다.

아이가 소변 실수를 했을 때, 왜 그랬냐고 다그치거나 혼을 내면 아이는 심리적으로 더 위축될 수 있습니다. 아이가 소변 실수를 했더라도 괜찮다고 격려해 주면서 좀 더 편안한 분위기에서 아이와 이야기 나눠 봅니다. 잠들기 전에 물을 많이 마시면 소변 실수를 할 수 있으니 잠자기 전에는 꼭 화장실에 다녀오도록 지도해 주세요.

아이가 스스로 조절하여 소변 실수가 줄어들면, 함께 기뻐하며 구체적인 말로 칭찬하고 격려해 주세요.

왼손으로 글자를 써요

"저희 아이는 왼손으로 글자를 써요! 학교에 가면 불편해질 수 있지 않을까 걱정도 되고 오른손으로 쓰도록 해야 하나 고민이 됩니다. 또 글자를 쓸 때 거꾸로 써요. 왜 그럴까요?"

사람마다 자신이 사용하기 편한 손의 방향이 다릅니다. 아이가 일상에서 왼손 사용을 편안하게 느끼는데, 무리하게 오른손 사용을 강요한다면 아이에게 정서적으로 스트레스를 유발할 수 있습니다. 유아기는 긍정적 자아개념이 형성되는 시기이므로, 부모님께서는 아이의 왼손 사용에 대한 긍정적인 면을 잘 활용할 수 있도록 도와주어야 합니다. 오른손 사용을 강요하기보다는 양손을 활용할 수 있는 놀이나 활동들을 고루 경험하게 해 주세요. 양손을 사용하여 찢기, 오리기, 붙이기, 점토 놀이 등의 조작 활동을 많이 경험하면 손의 힘을 기를 수 있을 뿐 아니라, 두뇌 발달에도 도움이 됩니다.

또한 유아기는 공간 개념이 형성되는 시기입니다. 아이가 글자를 거꾸로 쓰는 것은 발달의 한 과정이므로, 크게 걱정하지 않으셔도 됩니다. 유치원에서도 꾸준히 지도하겠지만, 가정에서도 좌, 우, 위, 아래에 있는 물건 찾아오기 등 공간 개념을 키워 줄 수 있는 놀이들을 많이 해 주시면 좋습니다.

 ### 손톱을 심하게 물어뜯어요

"저희 아이가 자꾸만 손톱을 심하게 물어뜯어요. 하지 말라고 할수록 자꾸 하는 것 같아 걱정이에요. 어떻게 하면 손톱 물어뜯는 습관을 고칠 수 있을까요?

손톱을 자꾸 물어뜯으면 손톱이 잘 자라지 않거나 손톱 끝이 날카로워져 잇몸을 상하게 할 수도 있습니다. 심하면 치아나 턱에 부담이 가게 되어 치아골절을 일으키거나 턱관절에 이상이 생길 수도 있으며, 손톱의 세균이 몸속으로 들어가 질병을 일으킬 수도 있습니다. 유아들은 이러한 위험을 감지하지 못하고, 습관적으로 손톱을 물어뜯는 경우가 많습니다. 태아 때부터 자궁 안에서 손을 물고 있던 습관이 아직도 남아서 본능적으로 손을 입에 넣는 경우도 있지만, 스트레스로 인해 손톱을 물어뜯는 경우가 많습니다. 어떤 아이들은 손톱 물어뜯는 행동 자체에 재미를 느껴 지루할 때마다 손톱을 물어뜯기도 합니다.

아이가 자꾸 손톱을 물어뜯는다고 해서 즉시 혼내면 아이가 주눅이 들 수 있습니다. 또한 억지로 못하게 하면 다른 버릇으로 이어질 수도 있습니다. 아이는 심리적 긴장감이나 불안함으로 인해 자꾸 손톱을 물어뜯을 수도 있는데, 편안한 분위기에서 아이와 차분히 대화를 나눠보며 손톱을 물어뜯는 이유에 대해 알아봅니다. 아이가 손톱을 물어뜯고 싶을 때마다 '울퉁불퉁한 공 만지며 놀기', '그림 그리기', '점토 놀이', '색종이 접기' 등의 손을 이용한 놀이들을 하여 최대한 손을 바쁘게 만들어, 손톱 물어뜯을 기회를 줄이는 것도 좋습니다.

자기 성기를 만져요

"저희 아이가 가끔씩 바지에 손을 넣고 성기를 만지는데, 그대로 두어도 괜찮을까요?

유아들은 자신의 몸에 호기심을 가지고 탐색하는 것을 좋아합니다. 2~4세의 남자아이들이 자신의 성기를 만지기도

하는 것은 몸의 일부를 탐색하는 자연스러운 행동이며, 무의식적으로 행동하는 경우가 대부분입니다. 아이가 성기를 만지는 행동을 어른의 기준으로 판단해서 성적인 욕구나 성적 자극과 연관 지어서 해석해서는 곤란합니다. 아이들이 자신의 몸에 대해 관심을 갖는 것은 당연하며, 우리의 몸 중 성기와 관련해 유치원이나 가정에서 따로 언급하는 경우가 드물기 때문에 아이들에 따라서는 궁금해 할 수도 있습니다.

간혹 소변의 잔유물이 성기 주변의 가려움을 유발하기도 하므로, 아이가 성기를 만진다고 혼을 내기보다는 가려움증이나 염증의 여부 등 아이의 건강에 문제가 있는 것은 아닌지를 파악하는 것이 우선되어야 합니다.

이야기할 때 눈을 피해요

"이야기할 때 눈을 마주치지 못하고 피하면서 자꾸 다른 데를 보며 집중하지 못해요. 무슨 문제라도 있는 걸까요?"

아기들은 수유를 할 때 엄마의 눈을 뚫어져라 쳐다봅니다. 엄마와의 눈 맞춤과 신체 접촉, 미소 등으로 상호작용을 하며 애착을 형성해 나가지요. 아이가 표정이 어둡거나 위축된 태도로 눈을 마주치지 못한다면 다른 원인이 있을 수도 있지만, 단순히 유아가 눈 맞춤을 잘 못한다고 해서 발달에 문제가 있거나 스트레스로 인한 것이라고 단정 지을 수는 없습니다. 눈의 협응이 잘 이루어지지 않는 유아는 눈을 마주치지 못하고 자신도 모르게 고개를 돌릴 수도 있습니다. 아이가 상대방의 말에 귀를 기울이고 집중하고 있다면 억지로 눈을 마주 보라고 강요하지 않는 것이 좋습니다.

아이가 제대로 눈을 마주치지 않는다고 다그치지 않아야 하며, 혹시 어떤 부분에서 스트레스를 받고 있는지를 파악하여 해소할 수 있도록 도와줍니다. 만약 눈을 마주치지 못하는 정도가 심각하게 느껴진다면 소아과, 소아정신과, 아동발달센터 등의 전문 기관에 방문하여 정확한 진단을 받아 보는 것도 좋습니다. 문제를 조기에 발견하여 빠른 치료 및 적절한 교육적 지원을 받는 것이 중요합니다.

 아이가 나쁜 말을 해요

"어디서 배웠는지 아이가 나쁜 말을 해요. 뜻을 알고 말하는 걸까요, 모르고 하는 걸까요? 아이의 언어 습관이 나쁘게 굳어지면 어떻게 하죠?"

유아들이 나쁜 말을 하는 데에는 여러 가지 이유가 있습니다. 친구들이 하는 말을 의미도 모르고 그냥 따라 하거나, 나쁜 말을 하는 자신의 모습에 관심을 보이는 사람이 있다면 그에 재미를 느껴 사용하기도 합니다. 아이들은 나쁜 말을 하는 자신의 모습이 강하다고 느껴져서 사용하기도 하는데, 이런 경우 자칫하면 습관처럼 사용하게 될 수도 있습니다.

아이가 나쁜 말을 한다는 이유로 무작정 다그치거나 감정적인 태도로 훈육하기보다는 왜 그런 말을 했는지 차분하게 이유를 물어봐 주고, 마음을 헤아려 주세요. 무엇보다도 부모가 먼저 모범이 되어 나쁜 말을 쓰지 않아야 하고, 나쁜 말을 사용하는 것이 왜 잘못되었는지를 차근차근 알려 주어야 합니다.

 ## 다른 사람 말을 듣지 않고 자기 말만 해요

"아이가 말을 쉬지 않고 해서 너무 힘들어요. 게다가 다른 사람의 말은 잘 들으려고 하지를 않아요. 무슨 문제가 있는 것은 아닐까요?"

유아들은 발달 특성상 다른 사람의 말에 귀를 기울이기보다는 자신의 말을 하기를 더 좋아합니다. 개념이 형성되는 시기에 놓여 있기 때문에 "왜?"라는 물음표를 늘 달고 다니지요. 아이에게 문제가 있어서라기보다는 성향이나 기질상 말하는 것을 좋아하는 것일 수도 있습니다.

만약 유아의 주의력이 심하게 부족하다면, 잠시 자신의 말을 멈추고 생각하는 연습을 하도록 해 주세요. 일상 속에서 다른 사람의 이야기를 끝까지 들은 다음에 자신의 말을 하는 태도를 기를 수 있도록 도와

주세요. 예를 들어, "○○야, 냉장고 옆에 컵이 있어. 그 컵에 물을 담아서 가져다 줄래?"처럼 2가지 수행 지시가 담겨 있는 심부름을 제공합니다.

또한 아이와 함께 경청이 왜 필요한지를 차근차근 알아본 후에, 아이가 다른 사람의 말을 끝까지 듣고 말하는 모습을 보이면 그 모습을 구체적으로 칭찬하고 격려해 줍니다. 이런 경험이 쌓이면 아이는 성취감을 느끼면서 다른 사람의 말을 끝까지 듣고 나서 자신의 말을 하는 습관을 기르게 됩니다.

 또래에 비해 발음이 정확하지 않아요

"저희 아이는 또래 친구들에 비해 발음이 부정확해요! 부모인 저도 무슨 말을 하는지 잘 못 알아들을 때가 많아요. 언제쯤 발음이 나아질까요? 아니면 언어치료를 받아야 할까요?"

유아의 발음이 정확하지 않은 데에는 여러 가지 원인이 있습니다. 혀가 많이 짧거나 청력에 문제가 있어서 발음이 정확하지 않을 수 있는데, 이럴 경우에는 병원 등 전문 기관의 상담을 받아 보는 것이 좋습니다. 그러나 아직 말하는 경험이 풍부하지 않은 유아기에 발음이 정확하지 않은 것은 당연합니다.

아이에게 동화나 동요 등을 자주 들려주는 등 정확한 발음을 들을 수 있는 기회를 많이 제공해 주세요. "아에이오우", "아야, 어여, 오요, 우유" 등 매일 다양하게 발성 연습을 해 보는 것도 좋습니다. 아이가 잘못된 발음을 했을 때 그 발음을 지적하거나 따라 하지 말고, "~라고 했구나!"라며 정확한 발음으로 다시 한 번 말해 줍니다. 유아가 자신의 발음을 부끄러워하지 않고, 자신 있게 다시 말할 수 있는 용기를 주는 것이 중요합니다.

 ## 책 읽기를 싫어해요

"저희 아이는 7살(5세)이고 글자도 거의 아는데 책 읽기를 무척 싫어해요! 어떻게 하면 좋을까요?"

 책을 좋아하는 유아들도 있지만, 유아에 따라서 '책' 하면 가만히 앉아 있어야 하는 시간, 공부하는 것으로 생각할 수도 있습니다. 무엇보다 아이가 책 읽기를 지루해 하지 않고 흥미로운 일로 느낄 수 있도록 책 읽기에 좋은 환경을 만들어 주거나 적절한 방법을 제공하는 게 중요합니다. 가정에서 아이가 언제든 쉽게 책을 접할 수 있는 환경을 만들어 주세요. 책 읽기 전에 표지 그림을 보고 등장인물을 찾아보기, 아는 글자나 가족 이름이 들어간 글자 찾아보기 등 책 읽기를 놀이로 인식할 수 있도록 합니다. 아이가 책 읽기를 즐거워하길 원한다면, 누구보다 부모가 먼저 책 읽는 모습을 보여 주어야 합니다. 매일 조금씩이라도 아이에게 꾸준히 책을 읽어 주는 것도 좋습니다.

쉼 없이 말을 해요

"저희 아이는 밤낮없이 뭔가를 물어봅니다. 한참 얘기를 나누다가도 전혀 상관 없는 얘기들을 계속 주저리주저리 떠들 때도 있어요. 아이가 어떤 이야기를 하든 잘 들어 주어야 할까요?"

유아들은 성인과 달리 현실과 상상을 오가며 다양한 이야 깃거리를 만들어 내기 때문에, 대화 중에도 문득문득 떠오르는 이야기들을 불쑥 꺼내기도 합니다. 이 시기는 언어 발달의 결정적인 시기로, 유아는 자신이 경험한 다양한 언어들을 반복적으로 계속 이야기하고 싶어 합니다. 성인도 이야기를 하다 보면 삼천포로 빠지는 말을 하게 될 때가 있습니다. 유아들 또한 마찬가지입니다. 유아들의 이야기를 듣다 보면 '어제 바다에 놀러간 이야기'로 시작해서 '우주별 이야기'로 끝이 났는데, 어디서 이야기 주제가 변경되었는지 모를 때도 많습니다. 유아 스스로가 이야기의 맥락이 잘못되었다는 것을 느끼기도 하지요. 그런데 이때 아이의 이야기를 중간에 자르고, "잠깐, 그건 아니잖아."라고 바로 지적하는 것은 아이에게 상처가 될 수도 있습니다. 아이의 말을 끝까지 듣지 않고, 중간에 말을 끊는 부모님의 모습을 모델링할 수도 있으므로, 그런 태도는 지양하는 것이 좋습니다.

아이와의 대화 시간을 소중히 여기고 아이의 이야기에 주의를 기울여 경청하는 모습을 보여 주세요. 아이를 가르치려고 드는 태도보다는 아이의 눈높이에서 아이의 생각이나 감정에 공감하며 대화를 나누는 것이 좋습니다. 부모의 이런 태도를 학습한 아이는 다른 사람의 이야기를 경청하는 태도를 가지게 됩니다.

아이가 이야기를 할 때에는 끝까지 잘 들어 주고, 아이의 의도를 요약하며 "혹시 이렇게 말하려고 했던 거 맞아?"라는 식으로 다시 물어보는 것도 좋습니다. 만약 부모가 자신의 의도와 다르게 잘못 요약했다면 아이는 "아니, ~했다고"라며 정정해서 다시 말할 것입니다. 이때 "아, 이렇게 잘 정리해서 말해 주니까 잘 이해가 됐어. 고마워. 친절하게 다시 말해 줘서 고마워."라고 칭찬해 주면, 아이는 좀 더 조리 있게 말하려고 노력할 것입니다.

말이 너무 느린 것 같아요

"다섯 살인데도 말을 잘 못해요. 질문을 하면 단어로만 대답하고, 부모에게 요구 사항이 있어도 정확한 말로 표현을 못하는데, 말이 너무 느린 거 아닌지 걱정돼요."

이 시기 유아들의 언어 발달에는 개인차가 있습니다. 따라서 다른 아이들보다 말이 좀 느린 것 같다고 해서 크게 걱정할 일은 아닙니다. 아이가 "엄마, 이걸로…"라며 무언가를 말하려고 할 때, 아이가 하려는 말을 예측해서 부모가 "응, 이걸로 만들기 하고 싶다고?"라는 식으로 말해 버리면 아이는 자신의 생각을 끝까지 조리 있게 말할 기회를 잃어 버리게 됩니다. 또한 텔레비전이나 스마트폰에 아이가 장시간 노출된다면 쌍방향 소통 기회가 줄어들고 그만큼 언어 발달의 방해를 받을 수 있습니다.

아이가 말이 많이 느리다고 느껴질 때 답답해 하거나 다그치지 않고, 아이가 편안한 분위기에서 자신의 생각을 말할 수 있도록 기다려 주세요. 또한 아이가 대화에 흥미를 느낄 수 있도록 많은 대화를 나눠 주세요. 아이가 단어로만 이야기하는 경우에는 완성된 문장으로 수정하여 다시 말해 주는 것이 좋습니다.

 유치원에 가기 싫다며 울어요

"아침마다 유치원에 보내려고 하면 유치원에 가기 싫다고 울어서 힘들어요!"

유아들이 교육기관에 가기 싫다고 우는 데에는 다양한 이유가 있을 것입니다. 부모와 떨어지기 싫어서, 유치원보다 집이 더 자유롭고 편해서, 친해지고 싶은 친구가 잘 안 놀아 줘서 등등 각각 다른 이유로 교육기관에 대한 거부감을 가질 수 있습니다.

아이의 마음을 알아주고 요구 사항을 들어주는 것도 좋지만, 아이가 원하는 것을 모두 수용해 주어 유치원에 가기 싫어하는 아이를 보내지 않는다면, 그 이후 유치원에 가기 싫은 다른 이유가 더 많이 생겨날 수도 있습니다.

유치원에 처음 가는 아이들은 적응하는 데 시간이 필요하기도 합니다. 따라서 서서히 잘 적응할 수 있도록 짧게라도 유치원 앞에서 부모와 함께 시간을 보낸 다음에 유치원에 들어갈 수 있도록 해 주세요. 아이가 잘 적응할 때까지 격려해 주면서 점차적으로 그 시간을 줄여 나가도록 해 주세요. 잠들기 전이나 저녁에 '내일은 즐겁게 유치원에 가기' 약속을 정해 도전해 볼 수 있도록 격려해 주는 것도 좋습니다.

친구의 행동을 무작정 따라 해요

"아이가 친구의 행동을 자꾸 따라 해요. 주체성 없는 아이로 자랄까 봐 걱정이에요."

유아들은 모방을 통해 많은 것을 배웁니다. 부모나 주변 사람들의 말과 행동을 따라 하며 다양한 언어를 습득하고 사회성을 기릅니다. 또한 교사나 또래의 말과 행동을 모방하면서 자신과 동일시하거나 소속감을 느끼기도 하지요. '모방은 창조의 어머니'라는 말처럼 모방을 통해 새로운 것을 알게 되는 것은 매우 자연스러운 일입니다. 그러나 이러한 패턴이 반복적으로 과도하게 나타나면 부모님 입장에서는 걱정이 될 수도 있습니다. 놀이를 할 때에도 유아들 중에는 어떤 놀이를 선택하고 어떻게 놀아야 할지 몰라서 친구의 행동을 따라 하는 유아들도 있습니다.

평상시 "나랑 이 놀이 할래?", "친구를 때리는 건 안 돼.", "이건 내가 하고 싶은 방법으로 할래."라는 식으로 아이가 자신의 생각을 분명하게 말할 수 있도록 도와줍니다. 아이가 친구의 안 좋은 행동을 따라 한다면, 그것이 왜 안 좋은 행동인지 알 수 있도록 이야기 나누고 옳은 행동과 옳지 않은 행동을 구분할 수 있도록 해 줍니다. 안 좋은 행동을 했을 때 무조건 "안 돼."라고 하기보다는 친구의 안 좋은 행동을 따라 하지 않도록 약속을 정하고, 아이 스스로 판단하여 행동할 수 있는 기회를 줍니다. 일상에서 아이가 스스로 선택할 수 있는 기회를 많이 주어, 자신감 있게 선택할 수 있도록 도와줍니다.

자기만의 스타일을 고집해요

"아이가 지나치게 자기만의 스타일을 고집해요. 여름인데 겨울옷을 입으려고 해서 아침마다 전쟁이에요."

몸의 성장은 눈으로 보이지만, 마음의 성장은 눈으로 보이지 않기 때문에 알아차리기 어렵습니다. 유아들은 커 가면서 자신이 바라는 것을 얻으려는 마음을 표현합니다. 아이에게 고집이 생겼다는 것은 그만큼 성장했다는 것이니, 그에 맞게 양육하는 것이 좋습니다. 어른들도 몸에 꽉 낀 옷을 입으면 불편하고 짜증이 나지요. 그처럼 아이의 마음이 자라나고 있다는 것을 인식하고 양육의 옷도 좀 더 넉넉하게 준비해 주시는 게 좋습니다. 아이가 선호하는 옷, 색깔, 스타일을 고집하는 모습은 아주 자연스러운 현상입니다. 아이가 고집하는 복장 등이 계절과 맞지 않는다고 해서 무작정 혼을 내거나 다그치기보다는 불편함을 알려 주세요. 그래도 원하는 복장을 고집한다면, 그냥 사용하도록 하면서 지켜봅니다. 유아 스스로 불편함을 느끼어 그것이 왜 맞지 않는 것인지, 어떤 것이 맞는 것인지를 스스로 구분할 수 있도록 해 주세요.

 ## 친구에게 먼저 다가가지 못해요

"저희 아이는 친구가 같이 놀자고 하면 함께 어울려 잘 노는데, 친구가 다가오지 않으면 먼저 다가가지 못하고 친구를 바라보기만 해요."

다른 친구에게 먼저 잘 다가가는 유아가 있는가 하면, 먼저 다가가지 못하는 유아도 있습니다. 친구에게 먼저 어떻게 다가가야 할지를 잘 모르거나, 친구와 함께 놀아 본 경험이 많지 않은 유아의 경우가 그렇습니다.

친구와 함께 놀고 싶지만 어떻게 표현해야 할지 모르는 아이에게 구체적인 표현 방법을 알려 주고, 친구에게 함께 놀자고 말해 보는 연습을 하도록 합니다. 친구와의 놀이 경험이 적은 아이의 경우에는 놀이를 주도하는 친구와 어울리게 해 주는 방법이 있습니다. 놀이를 주도하는 친구와 함께 무슨 놀이를 어떤 놀잇감으로 할지, 누가 어떤 역할을 할지 의논하는 경험 속에서 친구에게 먼저 다가가는 방법이나 협의하는 방법들을 배울 수 있습니다.

심하게 떼를 써요

"아이랑 같이 마트라도 가면 머리가 너무 아파요. 갖고 싶은 물건을 안 사 주면 바닥에 누워서 사 줄 때까지 떼를 쓰고 울어요. 어떻게 지도하면 좋을까요?"

유아가 떼를 쓸 때 부모의 일관된 기준과 태도가 중요합니다. 아이가 떼를 쓴다고 해서 어떤 날은 쉽게 요구를 들어주고, 어떤 날은 들어주지 않는다면 아이는 더욱 떼를 쓰게 될 것입니다.

마트에 가기 전에 아이와 함께 어떤 물건이 필요한지 구입 계획서를 작성해 봅니다. 어떤 물건이 필요한지, 어떤 것을 사야 할지를 정한 후 필요한 물건과 필요하지 않은 물건, 다음에 사도 되는 물건 등을 구분하는 장보기 계획을 함께 세워 보면서 조절 능력을 키워 줍니다.

마트에 갔을 때 아이가 떼를 쓰면 부모의 마음이 어떤지, 왜 물건을 사 줄 수 없는지 등을 이야기해 주면서 사전에 약속을 정합니다. 아이가 원하기 때문에, 울음을 빨리 그치게 하기 위해서, 다른 사람들에게 폐가 될까 봐 유아의 무리한 요구를 그대로 수용해 주지는 않았는지 돌아보고, 부모님 스스로 기준을 확실하게 정하는 것이 필요합니다.

 **너무 부끄러움이 많아요**

"저희 아이는 집에서는 활달하고 의사 표현도 잘하지만 바깥에 나가면 부끄러워
하고 자꾸 제 뒤로 숨어요! 왜 바깥에만 나가면 제 뒤로 숨고 자신의 의사 표현
을 못하는 걸까요?"

사람은 각자 타고난 기질이 다릅니다. 외향적인 사람, 내향
적인 사람이 있듯이 유아들도 저마다 다른 성향을 가지고
있지요. 내향적인 유아는 외향적인 유아에 비해 낯선 환경이나 다른
사람 앞에 나서는 것을 어려워합니다. 아이가 부끄러워하거나 쭈뼛거
리는 모습을 보인다고 해서 부모가 답답하게 여기거나 다그치면, 아이
는 자신이 잘못해서 부모님이 화를 낸다고 생각할 수 있습니다.

아이가 낯선 환경에 적응할 수 있는 시간을 충분히 주고, 다른 사람
앞에서 조금씩이라도 이야기할 수 있는 기회(유치원 예시 - 우리 반 모둠
별 노래자랑 대회, 인사하기 게임, 짝꿍의 자랑거리 큰 목소리로 소개하기 등)를
제공해 주는 것이 좋습니다.

아이가 다른 사람 앞에서 자신의 의사 표현을 했을 때, 아이가 용기
를 낸 것에 대해 아낌없는 칭찬과 긍정적인 격려를 해 주세요. "어려웠
을 텐데 용기를 내 줘서 고마워.", "네 이야기를 들려주어 너를 더 잘 알
게 되어서 좋아."라고 반응해 주면 아이는 다음에 더 큰 용기를 낼 수
있을 것입니다.

동성 친구랑만 놀아요

"저희 아이는 6살(5세)인데 동성 친구랑만 놀고, 이성 친구를 보면 어울리지 못해요! 왜 그럴까요?"

유아의 연령에 따라 조금씩 다르지만 보편적으로 4, 5세의 유아들은 동성과 어울리려는 경향이 많이 나타납니다. 남자와 여자의 다른 점을 알게 되면서 남아들은 힘이 센 것, 멋있는 것에 관심을 더 갖게 되고, 여아들은 공주, 드레스, 헤어핀 등에 관심을 갖게 됩니다. 서로 좋아하는 것이 달라 함께 노는 것을 불편하게 느끼기 때문에 동성 친구랑 노는 것을 더 선호할 수 있습니다. 이러한 상황은 남자와 여자의 다름을 알아 가는 하나의 과정일 수 있으며, 유아가 이성을 싫어하거나 이성에 대해 어른처럼 생각하는 것은 아니므로 크게 걱정할 일은 아닙니다.

유아들에게는 성에 대한 고정관념이 형성되지 않도록 해 주는 것이 좋습니다. 성별로 고정화된 놀이보다는 다양한 놀이를 경험할 수 있게 해 주세요.

 **말을 잘 안 듣고 고집이 세요**

"하지 말라고 말해도 계속해요. 말을 듣고 있는 것 같은데 대답은 안 하고 계속
하지 말라는 행동을 하니 답답해요."

유아들은 원하는 것이 있을 때 자신의 뜻대로 되지 않으면
자신이 원하는 것을 얻기 위해 더더욱 고집을 부리는 경우
가 있습니다. 예민한 성격의 유아라면 자그마한 불편함에도 강하게 반
응하기 때문에 고집이 센 아이처럼 보일 수 있습니다.

심하게 고집을 부리는 아이에게 어떻게 하는 것이 좋을까요? 우선
부모님의 일관성 있는 태도가 중요합니다. 안 되는 것에 대해서는 정
확하게 안 된다고 알려 주고, 일관성 있게 아이를 대합니다. 고집을 부
린다고 원하는 것을 모두 들어준다면, 아이는 그것이 맞는 방법이라고
생각하여 추후에도 같은 행동을 반복할 것입니다.

아이가 무작정 고집을 부리지 않고, 올바른 태도로 자신의 요구 사
항을 표현한다면 들어주는 것이 좋지만, 분명한 규칙을 정했는데도 그
규칙을 무시하고 요구한다면 들어줄 수 없는 확실한 기준과 일관성 있
는 태도가 중요합니다.

또한 고집을 부리는 행동에 대한 지적보다 고집을 부리지 않은 행동
에 대해 긍정적인 관심을 보여 주면서 격려해 줍니다.

친구가 자기를 싫어하고 때린다고 해요

"친구가 자기를 싫어하고 자주 때린다고 이야기해요. 저희 아이가 친구랑 잘 어울리지 못해 왕따를 당하는 건 아닐까요?"

유아들은 자기중심적인 사고가 강하므로, 상황을 보고 다른 사람의 마음을 유추하기보다는 결과만 보고 다른 사람이 자신을 싫어한다고 생각하는 경우가 있습니다. 예를 들어, 친구가 말하다가 침이 튀었는데 자기에게 침을 뱉었다고 말하거나, 뛰어가다가 모르고 치고 지나갔는데 자기를 때렸다고 생각하기도 합니다.

아이가 친구 때문에 속상하다고 이야기한다면, 그 속상한 마음에 공감해 주면서 어떤 상황인지 차근차근 물어보고 자신의 감정을 친구에게 분명하게 표현할 수 있도록 도와줍니다. 경우에 따라서는 아이가 겪었다고 말하는 상황이 실제와 혼돈되거나, 오해하고 있는 것일 수 있으므로 담임교사에게 연락해 구체적인 상황을 알아보는 게 좋습니다. 가정 내에서도 어떤 상황이 생겼을 때, 아이가 그 과정에 관심을 가질 수 있도록 도와주세요. 상황극 등을 통해 일부러 하는 행동과 모르고 하는 행동에 대해 구분할 수 있도록 도와주시는 것도 좋습니다.

감정은 마음의 나침반

"학부모님들이 저를 신뢰하지 않을까 두렵고, 걱정돼요."

"제 이야기를 듣고 학부모님께서 화를 내면 어쩌죠?"

"앞뒤 상황도 모르시면서 일방적으로 따지기만 하는 일부 학부모님 때문에 화가 나요."

'학부모님들이 고맙다고 말해 주실 때는 참 힘이 나던데…….'

학부모와의 관계에 있어서 늘 안 좋은 상황만 있는 것은 아닌데도, 교사는 학부모에 대한 막연한 두려움, 긴장, 불안, 불편함, 어려움의 감정을 더 많이 느낀다. 그래서 학부모와 교사는 늘 불편한 관계가 될 수밖에 없다고 생각하기도 한다. 그러나 감정이 가진 속성을 잘 살펴보면 이야기는 달라진다.

공포, 불안, 긴장과 같은 감정들은 사실 오래전부터 인류에게 각인되어 온 생존과 관련된 감정이다. 깜깜한 숲속 길을 걷다가 검은 수풀 근처에서 바스락거리는 소리를 듣는다면, 그 정체와 관계없이 심장은 터질 듯이 뛰고 등 뒤는 어느새 식은땀으로 흥건해질 것이다. 우리 몸은 불안하거나 긴장될 때 손에서 땀이 날 정도로 더워지는 반응을 보인다. 공포, 불안, 긴장의 감정은 그 원인이 정확히 무엇인지도 모르면서 정서적, 인지적, 신체적으로 지속적인 각성상태에 빠지게 만든다. 마치 언제 끊어질지 모르는 고무줄을 두 손으로 계속 늘리고 있는 상태와 같은 것이다.

불편한 감정이 생기는 것은 대부분, 그 사람이 놓인 상황을 직관적으로 해석하여 앞으로 놓일 상황이 위험할 수도 있다고 주의하라는 신호이다. 따라서 걱정이나 두려움, 불안의 감정을 하나의 신호로 받아들이고 이에 대비하면 되는데, 이 신호에만 몰입하여 걱정과 불안, 불편함을 다람쥐 쳇바퀴 돌 듯 반복하는 경우는 문제가 된다. 상황을 해석하는 시야가 좁아지면서 걱정은 더욱 늘어난다. 학부모를 대하는 교사의 경우, 학부모가 말하는 핵심을 놓치고 오해할 확률이 높아지며, 비슷한 상황이 발생했을 때에는 또다시 움츠러들게 되는 것이다.

불편한 감정의 신호가 주는 의미를 기억하고 이에 대처하는 것이 필요한데, 이러한 불편함을 마냥 피하고만 싶어서 도망가려고 한다면 오히려 역효과가 날 수 있다. 불편함을 해결하기 위해 먼저 적극적 경청을 시도하거나 문제의 핵심이 무엇인지를 파악해야 한다. 학부모가 다짜고짜 항의를 하더라도 어떤 것을 말하려 하는지 의도를 파악하며 듣거나, 가슴이 두근거리거나 스트레스를 받는 상황에서는 잠시 숨 고르기를 한 후에 응대를 하는 식의 전략이 필요하다. 이는 학부모와의 관계뿐 아니라, 모든 인간관계의 문제에서 공통적으로 시도할 수 있는 적극적인 행동 전략이다.

걱정, 불안, 두려움과 같은 불편한 감정이 느껴질 때에는 잠시 생각을 멈춘 다음, 적극적으로 듣고 말해 보자.

감정이 가리키는 방향

* 걱정 : 누구보다 잘하고 싶다는 욕구가 강하다는 표현
* 불안 : 예측하기 힘든 상황을 통제하고자 하는 의지
* 두려움 : 일방적인 말하기에 주눅 들지 말아야 한다는 신호
* 공포 : 혼자 해결하기 힘들어 타인과 함께하고 싶은 마음

> 학부모와의 관계에서 교사인 내가 느끼는 감정의 방향은?
> * 걱정 :
> * 불안 :
> * 두려움 :
> * 공포 :

나오며

    유치원 교사 대상 책의 공동 집필을 제안받았을 때, 내가 대학원에서 상담을 전공하고, 《초등 학부모 상담》을 집필했다고는 하지만, 과연 유치원 선생님들의 이야기를 잘 담아낼 수 있을까? 고민했었다. 학부모와의 소통과 상담은 상담Counseling이나 치료Theraphy적 접근보다는 교육의 전문가적 소통Communication 기술과 컨설팅Consulting 능력이 더 우선되어야 한다고 생각했기 때문이다. 그러나 집필 회의를 거듭할수록 고민은 사라지고 유치원 선생님들의 헌신, 책임, 열정과 보람과 소진Burn out이 공존하고 있음을 느끼게 되었다. 또한 유치원 선생님들이 우리 사회 속에서 정말 중요한 역할을 맡고 계시다는 것도 알았다.

    이 책은 유아를 교육하는 교사가 마주하는 현실적인 어려움 중 가장 다루기 힘든 학부모와의 소통에 대한 책이다. 대학에서도 배울 기회가 적을 뿐 아니라(학부모와 관련된 대학 교육과정은 '부모교육론' 이외에 없었을 것이다.) 이론과 현실의 큰 온도 차이로 많은 선생님들이 입직 후 상처받고 지쳐 간다는 것은 안타까운 현실이다. 이 책은 경험을 바탕으로 한 지식이 지혜로 연결되어 선생님들께 더 성장하길 권하는 책이다.

책에서 소개한 것처럼, 학부모의 유형과 욕구, 소통을 막는 내·외적 요인을 점검하고 사례와 소통 과정을 자세히 살펴보았다면 이제 용기를 갖고 주도적으로 실행해 볼 것을 제안한다. 이 책의 내용을 '내 것'으로 체득해 가는 과정은 선생님들의 경험치와 소통 능력을 한 단계 더 깊고 풍부하게 만들어 줄 것이다.

이 책의 내용을 정리하며 공동 저자인 홍표선, 이은주, 이미영 선생님께 큰 도움을 받았다. 이 자리를 빌어 감사한 마음을 전한다. 또한 늘 그림으로 섬세한 통찰과 따뜻한 위로를 주는 김차명 선생님의 그림 덕에 이 책은 더 큰 날개를 달았다. 특히, 집필을 제안하여 인연을 만들어 주고 각양각색 저자들의 글을 따스한 톤으로 독자들이 더 잘 활용할 수 있게 편집, 발행해 주신 푸른칠판 대표님께도 깊이 감사드리며, 덕분에 더 가치 있는 글로 재탄생되었음을 고백한다. 이 책이 유치원 선생님들께 많은 도움과 깊은 영감을 주기를 기대한다.

저자 김태승

유치원, 어린이집 교사를 위한

슬기로운 학부모 소통

1판 1쇄 발행 2021년 7월 30일
1판 4쇄 발행 2024년 1월 30일

지은이 홍표선, 이은주, 이미영, 김태승
그린이 김차명

발행인 송진아
편 집 아이핑크
디자인 권빛나
제 작 제이오
펴낸 곳 푸른칠판
등 록 2018년 10월 10일(제2018-000038호)
팩 스 02-6455-5927
이메일 greenboard1@daum.net

ISBN 979-11-91638-02-8 13370